두 번의 혈전

– 춘천전투와 낙동강교두보 사수

두 번의 혈전

– 춘천전투와 낙동강교두보 사수

이대용 지음

백년동안

차 례

1부

한반도 비극의 시발

제2차 세계대전 참전 연합국들은 전쟁을 끝내기 위해 숨 가쁘게 움직이고 있었다. 1945년 7월 26일 미국, 영국, 중국 수뇌들이 일본에게 무조건 항복하라는 최후통첩인 포츠담선언을 발표하고 일본이 이에 즉각 따르기를 기대했으나 일본 군부는 이에 불응했다. 그러자 미군은 8월 6일 16kt 위력의 핵폭탄을 일본 히로시마에 투하하여 최대 추산 약 16만 명의 사망자를 내게 했다. 그래도 일본이 머뭇거리자 8월 9일 21kt 위력의 핵폭탄을 일본 나가사키에 투하하여 약 4만 명의 사망자를 내게 했다.

이런 와중에 8월 8일 소련의 공산 독재자 조제프 스탈린은 약 4년 전인 1941년 4월 13일 일본과 맺은 상호불가침조약을 일방적으로 파기하고 대일(對日) 선전포고를 하면서 소련군을 북조선 동북지역에 침입시켰다. 이어 8월 15일 일본이 연합국 측에 무조건 항복을 하자 8월 20일부터는 북조선 원산(元山)에 소련군 대부대를 상륙시키고 8월 22일에는 평양(平壤)에 진주시켰다.

1945년 9월 2일 연합군 총사령부는 북위 38도선을 경계로 하여 미·소 양군이 한반도를 분할·점령한다고 발표했다. 1945년 9월 8

일 하지 중장이 지휘하는 미 육군 제24군단이 서울에 진주했다.

1990년대, 동서냉전의 종결과 구소련(蘇聯) 붕괴로 한반도 분단 형성과정과 6.25전쟁 관련 수많은 소련 측 비밀자료들이 공개됐다. 여기엔 1945년 8월 15일 해방 후 북한에 진주한 소련군의 역할과 김일성 북조선 공산당의 정치적 움직임이 고스란히 담겨 있어 북한의 당시 상황을 분명하게 볼 수가 있다.

당시 미국은 한반도에 대하여 전략적, 영토적 가치를 크게 느끼지 않은 데 반해 소련은 만주지역에 대한 영향력 확대와 부동항(不凍港) 확보를 위해 한반도가 반드시 필요하다고 생각했다. 또 한반도를 최종적으로 적화통일(赤化統一)시켜 소련의 위성국으로 만드는 것이 극동전략에 있어 긴요하다고 생각했다.

이러한 목적 달성을 하기 위해서 소련은 우선 38도선 이북의 한반도에 각 정파를 망라해서 공산당 주도의 정권을 수립해야 했다. 그 후 이를 완전히 공산독재화하고, 이를 기반으로 최종목표인 한반도 전체 적화통일을 이룬다는 비밀 목표를 가지고 있었다. 이리하여 1945년 9월 2일 조제프 스탈린은 평양에 있던 소련군 총사령관 알렉세이 안토노프 장군에게 극비 암호 전문(電文)을 보냈다. 스탈린은 이 전문 제2항에서 '반일본(反日本)적인 민주주의 정당조직의 광범위한 블록을 기초로 하여 우선 소련군 점령지역에 부르주아적 민주주의 정권을 수립할 것'을 지령하였다.

스탈린의 지령에 따라 우선 김일성(金日成)은 1945년 10월 10일 조선공산당 북조선분국을 조직했다. 이후 공산당과 공산당을 무조건 따르는 소수의 위성정당 등이 모여 북조선 주권기관 창설 발기위원회를 조직하고 1946년 2월 8일에는 북조선임시인민위원회를 발족하였다. 명칭은 임시위원회였으나 이것은 완전한 정부였다. 위원장 자리에 앉은 김일성은 "임시인민위원회는 우리의 정부다."라고 선언했다.

북조선임시인민위원회는 조선공산당 당원 이외에 위성정당원도 형식적으로 극소수 포함시켰으며 입법, 행정, 사법의 세 가지 권한을 갖춘 무소불위의 사실상 공산독재정부였다.

북조선임시인민위원회는 발족한 지 한 달도 채 안 된 1946년 3월 5일 북한을 공산화하기 위해 북한 전 지역에 걸쳐서 토지개혁을 단행하였다. 그리고 1946년 8월 10일에는 북한 전역에 걸쳐 주요 산업을 모두 국유화했다.

위원회는 '지주들이 소작을 주고 있는 토지, 공공기관이 가지고 있는 토지들을 무상으로 몰수하여 소작농을 하고 있는 농민, 그리고 토지가 없거나 적게 가지고 있는 농민들에게 무상으로 나누어주었다.'고 크게 발표했다. 과거에는 소작농민들이 지주에게 수확량의 5

할을 바치는 것으로 되어 있었다. 위원회는 토지개혁 후에 농민들은 수확량의 7할을 갖고 3할은 정부에 현물세(現物稅)로 바치면 된다고 선전했다. 농민들은 매우 기뻐했다.

그러나 실상은 전혀 달랐다. 사실 토지소유권은 오로지 국가(북조선임시인민위원회)가 독점하고 있었다. 농민들은 경작권(耕作權)만 갖는데 그친 것이다. 가을이 되어 추수가 끝나자 위원회는 우선 현물세로 수확량의 3할을 받아들였다. 그러다가 나라 사정이 여의치 않다며 애국미를 추가로 강요하여 받아가기도 해 결과적으로 농민들은 수확량의 6~7할을 강제로 빼앗겨야 했다. 위원회의 횡포에 농민들은 매우 실망했다. 그러나 농민들은 말없이 묵묵히 공산독재정권의 지시에 따라야만 했다. 공산당의 비위를 거스르면 농민이건 노동자이건 출신성분에 관계없이 반동분자 또는 반역자의 낙인이 찍혔기 때문이다. '반역자'들은 지방 감옥이나 평양감옥, 심지어 소련의 하바롭스크 공산감옥으로 투옥되었기 때문에 농민들은 하는 수 없이 무조건 공산당원들의 말에 순응해야만 했다.

1946년 봄에서 가을에 걸쳐 실행한 북조선 토지개혁, 주요산업의 국유화 등 개혁조치는 명칭은 민주개혁이었지만 사실은 북조선 전역을 공산화하기 위한 조치였다(공산주의화를 위해 필요한 1단계 조치는 생산단계의 국유화이다).

이렇게 북조선에 진주한 소련군 당국은 스탈린의 지령하에 김일성을 내세워 북조선에 사실상의 단독 정부를 수립하였다. 그리고 토지개혁과 주요산업 국유화 등의 개혁 조치를 단행하며 북조선 전 지역을 공산주의화하고 있었다.

2부

혼란 속의
대한민국 건국

그동안 38도선 이남의 남한 땅에서는 아무런 자치단체도 설립하지 못한 채 좌익과 우익이 여러 파로 갈라져서 미군정과도 대립하며 각기 세력들 간의 갈등에 빠져 있었다. 이런 가운데 북조선인민위원회 제2차 확대회의에서 결정, 공포된 선거법에 의해 이북에서 1946년 11월 3일 지방선거가 실시되었다. 소위 인민의 대표를 뽑는 선거가 38도선 이북 전 지역에서 실시되었던 것이다.

이 선거는 보통, 직접, 비밀이 보장된 선거라고 선전됐지만 실상은 전혀 달랐다. 소위 인민의(선거구민의) 대표로 입후보한 사람은 선거구민들이 전혀 얼굴도 본 일이 없고 이름조차 들어본 일이 없는 사람이었다. 그 입후보자가 선거구에 내려와서 유권자들에게 인사조차 한 일도 없었다. 즉 선거구민과는 아무런 관계가 없는 생면부지의 공산당원이었다. 이러한 입후보 공산당원들은 평양에 있는 공산 고위층에서 추천해서 각 지방 선거구에 배당된 인물들이었다. 단지 입후보자의 이름과 경력을 쓴 서류만 선거구에 내려왔을 뿐, 입후보자 본인은 선거구에 얼굴도 내놓지 않았다.

이렇게 위에서 배당받은 입후보자들이나마 2명 이상이 되어야 선거구민들이 그중의 한 명이라도 그나마 울며 겨자 먹기 식으로 골라서 선택하겠지만 실상 배당받은 입후보자는 단 한 명뿐이었다.

공산당원으로 구성된 선거위원회에서는 투표 장소에 큰 나무상자 두 개를 갖다 놓았다. 하나는 검은색, 하나는 흰색. 그리고 유권자들에게 선거위원장 도장이 찍힌 작은 투표용지를 한 장 주고 "입후보자를 찬성하면 흰 통에, 반대하면 검은 통에 집어넣으라."고 했다.

투표소 내에는 선거위원인 공산당원 다섯 명이 앉아서 싸늘한 눈으로 감시하고 있었다. 투표소 밖에서는 줄 서 있는 유권자들 앞에 사과상자를 놓고 공산당 열성분자가 그 위에 올라갔다. 그는 「노동신문」에 실린 '위대한 김일성 장군의 선거에 대한 연설문'을 소리 높여 읽어 내린 후 "우리 면(面)에서는 100% 찬성표를 흰 투표함에 넣어 우리 인민들의 위대한 지도자 김일성 장군님의 연설문에 보답합시다!" 운운하면서 기세를 올렸다. 만일 선거구에서 반대표가 많이 나오면 그 선거구 인민들 중에는 반동분자와 테러분자가 많이 있다는 증거가 된다고 내무서장 동무는 반 농조(弄調)로 간간이 선거인들을 공갈하고 있었다.

교묘히 공산당원들의 감시 눈을 피해서 검은 통에 투표용지를 살짝 넣었다고 가정해 보자. 선거 후 공산당원들의 감시의 눈초리가 더욱 싸늘하게 그 선거구민들을 노려보며 사사건건 사납게 괴롭힐

테니, 결국은 자기 자신을 괴롭히는 자학(自虐) 행위밖에 안 된다. 그래서 유권자들은 무조건 기계처럼 흰 통에 투표용지를 집어넣었다. 이리하여 세기의 사기 선거가 이루어졌다. 유권자 중 99.6%가 투표에 참가하였고 참가자의 96.9%가 찬성투표를 하였다. 공산당 고위층에서 지명한, 즉 북조선공산당 예하 기관인 소위 민족민주통일전선이 추천한 입후보자들이 한 사람도 빼놓지 않고 인민위원(人民委員)으로 선출되었다. 그리고 그다음 날 「노동신문」은 '북조선인민위원들은 민주주의 원칙에 의한 보통, 직접, 비밀 선거를 실시하여 어느 나라에서도 그 유례를 찾아볼 수 없는 우수한 성과를 올렸으며 이는 위대한 우리 민족의 횃불, 영용(英勇)한 김일성 장군의 영도력에 인민들이 열광적인 지지를 표시한 것'이라고 대서특필하였다. 이렇게 북위 38도선 이북의 북조선에서는 자유와 인권이 완전히 말살되었으며 공산독재체제는 빠른 속도로 굳어지고 있었다.

남한은 이때까지도 우왕좌왕하고 있었다. 좌익의 찬탁 진영, 우익의 반탁 진영이 서로 대립했다. 그리고 같은 우익진영에 속해 있으면서도 서로 사리사욕에 의해 정파가 갈라져서 분열·갈등이 일어났다. 이렇게 남한에서는 혼돈 속의 정치 상황이 계속 이어지고 있었다.

1947년 3월 5일 북조선에서는 각 면(面) 인민위원회 선거까지 끝났다. 이것을 종점으로 공산당 식 인권유린 독재선거가 지방의 말단에 이르기까지 완성되었다. 소위 인민정부의 기반이 요지부동으로 확고하게 확립된 것이다.

한편 북조선 주둔 소련군 당국과 김일성은 북한을 점령하자마자 북조선 공산군 창설을 시작했다. 날이 갈수록 그 병력 수는 급속히 팽창하였고 무장도 소련 신식 무기로 우수하게 현대화되었으며 북조선임시인민위원회가 설립된 후부터는 소련군에 의한 군사훈련도 효과적으로 실시되었다.

1946년 3월 20일 서울 덕수궁에서 한반도의 앞날을 결정지을 역사적인 회담인 제1차 미소공동위원회가 열렸다. 미국, 소련, 영국, 중국의 4개국이 신탁통치를 한반도에서 하는 대신 한반도에 임시 남북통합정부를 설립하고 미소공동위원회가 임시정부와 협력해서 신탁통치를 한다는 것이었다. 그러다가 궁극적으로는 한반도 통일 정부를 수립한다는 합의가 이루어졌다.

소련 측 대표 슈티코프는 개회사에서 "모스크바 협정대로 임시정부를 구성해야 한다."고 주장했다. 슈티코프가 밝힌 내용은 첫째, 미소공동위원회에 의해 수립될 임시정부의 구성은 모스크바 협정을 지지하는 정당과 사회단체들만 참여할 수 있다는 것, 둘째, 통일된 한반도에 반소(反蘇)적 정부가 들어서는 것을 용납할 수 없다는 것,

셋째, 신탁통치는 조선 사람들을 위해 꼭 필요하다는 것이었다. 슈티코프의 주장에 문제가 된 것은 첫 번째의 항목이었다. 신탁통치와 모스크바 협정을 지지하는 유일한 정당, 사회단체는 조선공산당뿐이었기 때문이다. 그의 주장을 받아들이면 미군 주둔하의 38도선 이남의 모든 우익 세력들은 배제되는 상황이었다.

결국 제1차 미소공동위원회는 결론을 내지 못한 채 1946년 5월 6일 결렬되고 말았다. 1947년 5월 21일부터 미소공동위원회가 재개되었으나 이 역시 뚜렷한 결론을 내리지 못하고 무산됐다.

훗날 구소련 비밀문서에 폭로된 내용에서 당시 소련공산당 중앙위원회는 공식적으로 미소공동위원회 회담에 대해 다음과 같이 기록하고 있다.

"소련 측은 미소공동위원회 회담이 실패할 것으로 예상한다. 소련은 어떤 성과도 기대하지 않는다. 소련은 자기 갈 길을 가면서 미소공동위원회 회담의 실패를 미국과 남조선 쪽에 떠넘기는 것을 최종 목표로 한다."

결국 한반도 문제는 미소공동위원회는 물론 미국, 소련, 영국, 중국 4개국 외상회의에서도 해결이 불가능했다. 1947년 9월 16일 미국은 한반도 문제를 결국 유엔에서 처리할 수밖에 없다고 소련 측에 통고했다.

1947년 9월 17일 미국 국무장관 마샬은 유엔총회 연설을 통해 "한반도 문제는 유엔총회에서 해결할 수밖에 없다는 것"을 강조하면서 한반도 통일 문제를 유엔에 상정했다.

3부

평화통일 절호의 기회를 놓치다

1947년 9월 23일 유엔총회는 한국(남북한)의 통일문제를 의제로 채택하기로 결의했다. 미소 점령 지구에서 빠른 시일 안에 한반도 전체의 총선거를 실시하며, 이에 협조하고 감시할 유엔위원회를 구성, 설치하는 안이었다.

1947년 11월 14일 유엔총회는 한국 총선안, 유엔한국임시위원단 설치안, 정부독립 후 미소 양군 철수안 등을 절대 다수의 찬성으로 가결하였다.

주요 내용은 다음과 같다. 첫째, 1948년 3월 31일까지 한반도 전체에 걸친 자유총선거 실시를 감시하고 협조할 한국 임시위원회를 설치하여 활동에 들어가도록 할 것, 둘째, 한반도에 통일정부가 수립된 후 1948년 7월 1일까지 미소 양국 군대가 한반도에서 철수할 것 등이다.

유엔총회에서는 한반도 전 지역에 걸친 자유총선거를 감독 및 협조할 유엔한국임시위원단 참석 9개국을 지명했다. 그런데 이 중 우크라이나 1개국만은 불참 입장을 밝혔다. 결국 나머지 8개국 대표들로 구성된 유엔한국임시위원단이 구성, 조직되었다. 중국의 대표 호

세택이 사무총장으로 선정되었다. 이 위원단은 1948년 1월 8일 한반도의 중심도시 서울에 도착했다. 일행은 서울에서 짐을 풀고 숨을 돌린 후 1월 12일부터 공식 활동에 들어갔다.

첫날 회의에서는 이 위원단의 임시의장으로 인도 대표 메논 박사를 선출했다. 이날 메논 의장은 평양에 있는 소련군 사령관에게 "북위 38도선 이북지역에서 한반도 자유총선거를 실시할 예정이니, 그 임무수행을 위해 북조선 주둔 소련군이 협조 및 지원을 해 줄 것을 요청한다."는 통신 전문을 보냈다.

이에 3일 앞서, 즉 1948년 1월 9일 평양에서 개최된 군중집회에서 북조선임시인민위원회 위원장 김일성은 "유엔한국임시위원단이 38선 이북 북조선 지역 내에 한 발자국도 발을 들여놓지 못하게 할 것"이라고 지극히 적대적인 반응을 보였다.

남한에 주둔 중인 미군 사령관 하지 중장은 1948년 1월 19일, 유엔한국임시위원단의 활동에 도움이 되는 일이라면 무엇이든지 최선을 다해 협력할 것을 적극 약속했다.

남한 주민 대다수는 한반도에서 자유평화통일을 달성할 수 있는 이 절호의 기회를 절대 놓쳐버려서는 안 된다고 생각했다. 유엔한국임시위원단 주재로 한반도 평화통일 자유총선거를 기필코 성공리에 실시하도록 한반도 모든 주민들이 단결해야 한다는 것이었다. 그들은 한반도에 희망찬 자유민주주의 새 나라가 출범하기를 간곡히 원했다.

그러나 남한 내에 있는 공산당원과 또 자기편견을 고집하는 극소수 정치지도자들은 유엔한국임시위원단의 입국이 자신들에게 미치는 영향을 계산하여 각기 시원치 않은 반응을 보이고 있기도 했다. 그러나 그 세력들은 수적으로는 사실상 무시할 수 있을 정도였다.

유엔한국임시위원단과 남한 주민 절대 다수는 평양에 있는 소련군 사령관이 하루 속히 남북자유총선거에 대해 긍정적으로 답변하고 메논 위원장 일행의 입북(入北) 일정을 통보해 줄 것을 학수고대했다.

그러나 1948년 1월 22일, 소련의 유엔 대표 그로미코는 "소련은 유엔한국임시위원단에 관여하지도 않고 협조하지도 않을 것"임을 유엔 사무총장에게 통보하였다. 평양에 있는 소련군 사령관은 1월 23일 서울에 있는 유엔한국임시위원단 임시의장 메논 박사 앞으로 회신을 보내, "메논 의장 일행이 입북하면 이들의 신변안전을 보장할 수 없으니 입북을 허용할 수 없다."는 내용의 통고문을 회신해 왔다.

이리하여 유엔이 결의한 한반도 자유총선거에 의한 평화통일 달성의 천재일우의 기회는 소련 측과 김일성의 강력한 반대에 의하여 사라져 버렸다.

유엔본부에서는 1948년 2월 26일 유엔 소총회를 개최하여 유엔 한국임시위원단의 감시, 협조, 통제하에 활동이 가능한 38도선 이남 한반도에서 자유민주 총선거를 우선 실시하여 한반도 유일한 합법 정부를 수립할 것을 결의했다. 그리고 "38도선 이북지역의 자유총선거는 앞으로 기회가 오면 실시한다."는 것으로 미루어 놓았다.

1948년 5월 10일 유엔한국임시위원단의 감시 하에 38도선 이남 한반도에서 자유민주주의 국가를 건국하는 자유총선거가 실시되었다. 남한 주민들은 이 세상에 태어나서 처음으로 자유롭게 선거권을 행사하였다. 최종집계 결과에 의하면 투표율은 95.5%에 달했다. 총 198명의 국회의원이 탄생했다. 남한 전 지역에서 선출될 국회의원 수는 200명이었으나 약 한 달 전인 1948년 4월 3일 제주도에서 총선거를 극렬히 반대하는 남로당의 무장폭동이 일어나 그 지역의 치안 상태는 총선거일인 5월 10일까지도 혼란상태에 빠져 있었다. 제주도 3개 선거구 중 북제주군의 갑, 을 2개 선거구에서 선거를 제대로 실시하지 못해서 2명의 국회의원은 선출되지 못했다. 기타 남한의 전 지역에서는 평온하고 자유롭게 선거가 진행되었다. 이리하여 당선된 198명의 국회의원을 정당별로 분류하면 무소속 85명, 독촉국민회 55명, 한국민주당 29명, 대동청년당 12명, 기타 군소정당 및 단체 소속 17명이었다.

당선된 198명의 국회의원들은 1948년 5월 31일 서울에서 국회개원식을 갖고 자유민주주의 정부수립을 위한 건국사업을 시작했다. 그리고 유엔의 협조 하에 한반도에서 유일한 자유민주주의 절차를 밟아 출범하는 합법적인 대한민국을 건국했다. 그리고 대한민국 초대 대통령에는 이승만 박사가 선출되었다.

한편 1948년 3월 16일 김일성은 중공 모택동(毛澤東)을 극비리에 방문하였다. 그리고 중공과 북조선이 군사협정(軍事協定)을 체결하게 되었다.

북조선에서는 이미 실질적 정부인 북조선임시인민위원회가 1946년 2월 8일 발족해 있었다. 1948년 9월 9일 김일성은 그 명칭을 '조선민주주의인민공화국'으로 변경시켜 정부수립을 국내외에 선포했다. 1948년 12월 27일에는 북조선 주둔 소련군이 철수했다. 하지만 소련 군사고문단 약 3,000명이 북조선에 계속 남아서 북조선 공산군의 병력 편성, 화력 등의 증강, 고도의 훈련, 그리고 정예화 목표 달성을 돕고 있었다. 이들은 소련의 신무기를 아낌없이 무상으로 공급하여 북조선 공산군을 무장시키는 데 온 힘을 쏟고 있었다.

남한에 주둔하고 있던 주한미군은 1949년 6월 29일 남한에서 철수를 완료하고 군사고문단 약 500명이 남아서 한국군 육성을 지원하고 있었다. 그러나 성능이 좋은 야포나 탱크, 전투기 등의 공급은 일체 없었고 야포(곡사포) 등도 사거리(射距離)가 아주 짧은 것들만 소수 공급해 주는 데 그쳐 소련 측에 비해 매우 소극적이었다.

4부

김일성,
침략의 야욕을
키워가다

스탈린과 김일성은 한반도 적화통일을 빠른 기간에 기필코 달성하려고 북조선 공산군의 군사력을 놀랍도록 급속히 키웠다.

1949년 8월, 김일성은 "북조선 공산군이 남침을 강행하면 남한 전체를 빠르면 2주일, 늦어도 2개월 이내에 완전 점령하고 한반도를 적화 통일할 수 있다."고 판단했다.

1950년 1월 12일 미국 국무장관 애치슨은 대한민국이 미국의 태평양 방위선 밖이라고 밝혔다. 미국의 태평양 방위선은 일본 열도와 오키나와, 대만 등을 연결하는 선이었다.

스탈린의 지시를 받아 남침 총공격을 감행하기 위해 김일성은 1950년 3월 30일 대규모 방소단(訪蘇團)을 거느리고 모스크바로 떠났다. 쥐도 새도 모르게 극비리에 이루어진 일이었다. 평양을 떠난 김일성은 4월 25일까지 약 1개월간 모스크바에 머무르면서 3회에 걸쳐 스탈린과 회담을 가졌다. 남침 계획을 실행하기 위한 회담이었다. 여기서 스탈린은 3단계 작전을 조언하였다.

즉 첫째, 먼저 극비리에 38선 부근에 부대를 집결시킨다. 둘째, 조선민주주의인민공화국은 평화통일의 새로운 정치 제안을 한다. 남조선이 그것을 거부하면 공격을 시작할 것이다. 셋째, 옹진반도를 따라 공격을 가한다는 발상은 좋다. 이것은 누가 먼저 군사행동을 하였는가라는 사실을 은폐하는 데 도움이 되기 때문이다. 남측이 반격 후 전선을 확대하는 기회가 올 것이다. 전쟁은 전격전(電擊戰)이 되지 않으면 안 된다. 적(敵)이 북측(北側)을 공격할 기회를 주어서는 안 된다.

김일성은 스탈린에게 북한 공산군이 남침 총공격을 감행하면 "남조선 당국에 대해 반항하는 남조선 인민(종북세력) 약 20만 명이 북조선 편을 들며 봉기(蜂起)할 것"이라고 했다.

1950년 5월 13일 김일성은 대규모 방중단(訪中團)을 이끌고 북경에 가서 2일간 머물면서 비밀리에 모택동과 회담을 갖고 남침 계획을 상의했다.

이 자리에서 모택동과 주은래(周恩來)는 "혹시 일본군 또는 미군이 개입하지 않을까?" 걱정했으나 김일성은 그런 예측을 일축했다. 미국은 극동 지역에서 어떠한 형태의 전투도 준비하고 있지 않다고 확실하게 말한 것이다. 그는 "미국은 싸움을 포기하고 중국에서 물러났으며 조선에서도 신중한 입장을 취하고 있다."고 단언했다. 그러면서 미국 애치슨 국무장관이 태평양 방위선에서 남조선을 제외한 사실을 상기시켰다. 1950년 5월 15일 모택동과 김일성은 '남조선 해

방계획(무력 남침 적화통일 계획)'에 전적으로 합의했다.

대한민국을 멸망시키려는 이러한 지극히 위험한 상황이 눈앞에 일어나고 있는데도 대한민국 정부 당국은 이를 까맣게 모르고 있었다. 북조선 공산군이 탱크, 장거리 곡사포 등을 많이 가지고 있는 것도, 압도적으로 많은 수의 병력(兵力)을 갖고 있다는 것도 전혀 몰랐던 것이다.

눈먼 장님이 소리 없이 접근하는 맹수도 못 보고 헛소리를 하는 듯 신생 대한민국의 국방장관 신(申)모 씨는 "만일 남북전쟁이 일어나면 대한민국 국군은 그날 아침은 38선 부근 개성(開城)에서 먹고 저녁식사는 평양에서 먹게 될 것"이라고 큰 헛소리를 치고 있었다.

기원전 약 500년 전, 중국 춘추시대의 전략가 손무(孫武)는 총 13편에 달하는 손자병법을 전술하여 전쟁에서 승리하는 갖가지 비결을 남겼다(손무가 실존하는 인물인지에 대해 학계의 논란이 있기는 하다). 그중에서 가장 유명한 만고불변의 명구(名句)는 바로 '지피지기 백전불태(知彼知己 百戰不殆)'이다. 즉 '적을 알고 나를 알면 백 번 싸워도 위태롭지 않다.'는 것이다.

이 철칙(鐵則)에 충실한 김일성은 38선 이남 대한민국의 실상(實狀)을 자기 손바닥의 손금 보듯이 정확히 파악하고 있었다. 대한민국 국군을 빠른 기간 내에 격멸시키고 한반도 적화통일을 달성할 수 있도록 자기 능력을 확고히 다져 놓는 데에도 충실했다. 즉 적을 알고 나를 알면서 적을 무력으로 멸망시킬 수 있는 군사 능력을 키워놓았던 것이다.

이것이 1950년 6월의 한반도 상황이었다. 이때의 남북한 군사력을 비교하면 다음과 같다.

한국군	구분	북조선 공산군
10만 3,827명	총병력	20만 1,050명
육군(9만 4,974명): 8개 사단, 지원 부대	편성	육군(18만 2,680명): 10개사단, 지원부대
해군 및 해병(6,956명): 7개 경비부 및 해병대		해군 및 해병대(1만 5,570명): 3개위수사 육전사
공군(1,897명): 1개 비행단 7개 기지		공군(2,800명): 1개 비행사단
없음	전차	최신형 T34전차 242대
27대	장갑차	54대
자주포 없음	화포	자주포 SU76 176문
곡사포 105미리 M3 91문 (최대사거리 7,500m)		곡사포 76미리(최대사거리 1만 3,300m) 및 122미리 552문(최대사거리 2만 800m)
박격포 60미리 및 81미리 960문		박격포 60미리, 82미리, 120미리, 1,728문
대전차포 140문		대전차포 550문
2.36인치 로켓 1,900문		
경비함 36척	함정	경비함 30척, 보조선박 80척
I 4 8대, L5 4대, T6 10대 합계 22대	항공기	YAK9, IL10, TU2, 연습, 정찰기 합계 226대

1950년 6월 초 남북한 군사력 비교

위의 비교표에서 주목할 것은 북조선 공산군 전차(戰車)와 곡사포(曲射砲)의 실체다.

전차는 적진(敵陣)을 돌파하고 짓밟는 데 있어, 또 적군을 추격하는 데 있어 당시로서는 충격적으로 속도가 빠르고 화력과 기갑력(機甲力)이 타의 추종을 불허할 정도였다. 곡사포는 보병부대가 공격 또는 방어하는 데 있어 그 화력지원의 위력 여하가 전투 승패에 큰 영향을 준다.

북조선 공산군이 소련제 최신식 T34 전차를 242대나 가지고 있는데 반해 대한민국 국군은 한 대도 없었다. 곡사포도 북조선 공산군은 552문이나 가지고 있는데 대한민국 국군은 91문을 가지고 있을 뿐이었다.

그런데 이러한 수적 열세보다도 더 열악(劣惡)한 것은 곡사포의 사정거리다. 북조선 공산군 76밀리 곡사포의 최대사거리(最大射距離)는 1만 3,300미터, 122미리 곡사포의 최대사거리는 2만 800미터에 달했다. 그러나 대한민국 국군이 가진 120밀리 M3 곡사포의 최대사거리는 7,500미터에 불과했다.

만약 대한민국 국군의 곡사포 포진지 위치가 적군에 의해 관측되면 적군 곡사포는 대한민국 포진지에 포탄의 우박을 퍼부을 것이었다. 사거리가 짧은 대한민국 국군의 곡사포들은 꼼짝없이 일방적으로 심하게 얻어맞을 뿐 적군 포병진지에 포탄을 날려 보낼 수조차 없었다.

그래서 대포병전(對砲兵戰)에서 대한민국 국군의 포병은 고양이 앞의 쥐 신세를 면할 길이 없었다. 따라서 하는 수 없이 대한민국 국군 포병들은 가만히 숨어서 적군 보병 부대가 아군 포병 사거리 안에 접근해 들어오기만을 기다려야 했다. 그러다가 적군이 사거리 안에 들어오면 짧은 시간 내에 기습적 포격을 퍼붓고 급하게 진지 이동을 위해 후퇴하지 않으면 안 되는 처지에 놓여 있었던 것이다.

정의(正義)와 불의(不義), 선(善과) 악(惡), 자유(自由)와 폭정(暴政) 등을 떠나 오직 손자병법 관점에서만 본다면 북조선 김일성 공산독재정권은 '지피지기'에 있어서 거의 만점(滿點)을 받을 수 있는 반면, 38도선 이남 대한민국 당국은 완전히 낙제점을 받고 있는 상태였다. 유능한 국가정보기관을 못 가지면 상대국과의 전쟁에서 눈이 멀고 나라는 멸망한다는 사실에 대해서 당시 대한민국 고위층은 너무도 어수선하고 어수룩했다.

1950년 6월 7일 북조선 김일성 공산정권은 남북총선거를 제의해 왔다. 이것은 곧 있을 남침의 기습적 효과를 최대로 얻으려는 완전한 기만술책이었다. 그러나 대한민국 측에서는 그 속셈을 전혀 모르고 들떠서 이런저런 백가쟁명(百家爭鳴)이 일고 있었다.

이승만 대통령은 김일성의 제의를 거부했다. 한반도 평화통일을 하려면 유엔 감시하에 38도선 이북에서 자유총선거를 통한 국회의원 선출이 있어야 하는데 김일성은 공연히 딴소리를 하고 있었기 때문이었다.

5부

남침의 징후를 알아채지만

이런 어수선한 가운데 김일성의 기습남침 계획의 징후가 발견되는 기적 같은 일이 일어났다.

1950년 6월 19일 오후 3시경, 강원도 춘천 북방 천전리(샘밭)에 있는 대한민국 국군 제7연대 수색대 본부에 북조선 공산군 병사 한 명이 북한 군복을 입은 채 귀순해 왔다. 그는 북조선 제2사단 포병연대 소속 SU76 자주포 승무원이었다.

이 귀순병은 "북조선 인민군(공산군)이 공격할 것이다."라고 말한 후 "우리 부대는 지난 6월 12일부터 1주일간 야간 행군을 강행하여 38선 바로 북에 위치한 신포리(新浦里) 부근 모래밭에 집결했다. 거기서 춘천을 목표로 공격 준비 중인데 나는 귀순해 왔다."라고 진술했다.

제7연대장 임부택 중령은 연대수색대로 하여금 38도선 일대에 가서 이를 확인케 했다. 1950년 6월 20일 오전 4시부터 제7연대 수색대는 38도선을 비밀리에 넘어서 정찰을 했다. 과연 화천-신포리 일대의 도로상에 약 400대의 차량이 줄지어 서 있었고, 신포리 부근 모래밭에는 약 1개 연대 규모의 병력이 집결하고 있었다. 귀순병의 진술이 거짓이 아님을 확인할 수 있었다.

임부택 중령은 이 사실을 제6사단 사령부에 보고했다. 마침 제6사단장으로 부임해서 춘천에 있는 제7연대 본부를 첫 방문하고 있었던 사단장 김종오 대령이 이 사실을 구체적으로 보고받은 사람이다. 그는 곧바로 이를 육군본부에 보고했다. 당시 군 통신수단은 열악해서 사단과 육군본부 간의 군용 전화선은 직접 가설되어 있지 않고 군용 전화선을 우체국 교환실에 연결하여 쓰고 있었다. 우체국 교환수가 우체국 통신망을 경유하여 수동(手動)으로 통화를 연결해 주어야 사단과 육군본부의 통화가 가능했던 것이다.

김종오 사단장은 육군본부 정보국에 상황을 설명하고 대책을 상의하려고 전화를 걸었다. 그러나 육군 정보국장은 출타 중이었다. 육군본부 정보국은 이 중요한 보고를 "적군의 진지 교대"라고 가볍게 넘겨버렸다. 정보국장을 대신해서 전화를 받은 정보국 미 고문관(미 육군 대위)은 "다른 사단 정면의 상황은 어떤가?"라는 김종오 사단장의 질문에 "매우 조용합니다. 북한군은 절대로 도발하지 않을 것입니다."라고 자신 있게 대답했다.

그 당시만 해도 군사학을 많이 공부하고 제2차 세계대전에서의 전투경험이 풍부한 미 고문단 장교의 말은 무척 믿을 만한 것이었다. 그의 말이라면 무조건 100% 받아들이는 것이 당연한 것으로 상식화되어 있었다.

김종오 대령은 육군본부 정보국 미 고문관 대위의 조언을 받아들였지만 아무래도 북조선 귀순병의 발언이 마음 한구석에 미심쩍게 남았다. 그래서 제7연대장 임부택 중령에게 미 고문관과의 통화 사실을 알렸다. 제7연대장은 예하 대대장들과 연대 주요 참모들에게 "춘천을 떠나지 말고 비상사태를 유지하되, 이 사실을 군사 극비로 취급하고 아무에게도 발설하지 말라."고 했다. 임부택 중령이 사단장 김종오 대령의 이 지시를 충실히 이행하는 가운데 1950년 6월 마지막 주말이 다가오고 있었다. 이때 제7연대 중대장급 이하 장교들은 이 군사기밀을 전혀 모르고 주말에 외출과 휴가를 가는 등 휴식을 즐기고 있었다.

나는 그 당시 육군 중위로서 제7연대 제1대대 제1중대장 직책을 맡고 있었다. 거처는 춘천시 죽림동 민간인 집에서 하숙으로 해결하던 터였다. 봉의산에서 완만하게 서쪽으로 길게 뻗어 내리며 낮은 능선을 형성하고 있는 그 지대의 바로 제일 높은 곳에 위치한 집이었다.

그 당시 춘천시 전화통신망으로는 경찰의 독자적인 단선(單線) 경비전화가 각 경찰서에서 경찰지서까지 연결되어 있었다. 그리고 이와는 또 다른 공중전화 통신망으로 춘천시청, 법원 등 각 주요 관공

서에 우체국 교환수가 수동으로 연결해 주는 전화가 몇 대씩 있었다. 또한 시내 각급 학교에도 역시 우체국 전화가 한 대씩 가설되어 있을 뿐이었다. 즉, 일반 가정에는 전화가 한 대도 가설되어 있지 않았다. 민간 시민 가정에는 전화 통신 시설이 전무(全無)했던, 완전한 미개발 상태였던 것이다.

군대 통신망도 열악해서 연대본부에서 가설한 군용 EE8 전화가 영외 거주하는 각 대대장과 연대 주요 참모들 집에 한 대씩 설치되어 있을 뿐이었다. 중대장이나 그 이하 급 영외 거주 장교와 하사관에게는 전화 시설이 전혀 없었다. 그러므로 이들에 대한 비상소집이나 기타 급한 연락은 모두 연대본부나 대대본부에서 도보(徒步)로 내보내는 연락병에 의하여 이루어지고 있었다. 그래서 시간이 많이 걸렸다.

6부

6.25 전쟁 초기의 구국(救國) 전투인 춘천지구 전투와 그에 이어지는 음성전투

1950년 6월 25일은 일요일이었다. 나는 아침에 눈을 뜨고 느긋한 마음으로 하숙방에서 일어났다. 문을 열고 밖을 내다보니 장마비가 내리고 있었다. 멀리서 포성이 '쿠쿠쿵쿵, 쿠쿠쿵…' 하고 울렸다. 때마침 제6사단 제16포병대가 춘천시 북단 우두동 일대에 주둔하면서 훈련 중이었다. 특히 제16포병 대대장 김성(金聖) 소령은 소문난 훈련광(訓練狂)이라는 소리를 듣는 대대장이었다. 그래서 나는 "휴일을 반납하고 저렇게 열심히 사격훈련을 하고 있구나." 하고 대견하게 무심히 흘려보내고 방 안에서 보건체조를 했다.

이후 집 안뜰에 나갔다. 부엌 아주머니가 세숫대야에 따뜻한 물을 부어주었다. 그 물로 세수를 한 후 아침 식사를 마치고 봉의산록에 있는 춘천도서관(춘천공보원)으로 가서 좋은 책을 읽기로 했다.

나는 누구와 특별한 약속이 없으면 일요일마다 춘천도서관에 가서 좋은 책을 빌려 읽는 게 습관이었다. 특히 프랑스의 앙드레 모로아 대위가 쓰고 일본어로 번역된 『프랑스 전선』과 그 자매편인 『프랑스는 패(敗)했다』는 내게 큰 감명을 주었던 책들이었다.

앙드레 모로아 대위는 제2차 세계대전이 일어남과 동시에 현역으로 소집되어 육군 대위 신분으로 참전했다. 그는 프랑스가 독일군에 의해 패망당하는 비극적 역사를 현장에서 직접 목격한 산 증인이 됐다. 모로아 대위는 나라 잃은 망국(亡國)의 떠돌이 신세가 되어 낯선 외국 땅 이곳저곳을 방황하면서, 프랑스 패망의 사연을 담은 실기인 『프랑스 전선』 그리고 『프랑스는 패(敗)했다』를 저술했다.

앙드레 모로아 대위는 『프랑스는 패(敗)했다』의 원고를 탈고한 뒤 다시 그 원고지를 꺼내 눈물을 흘리면서 원고 마지막에 다음과 같은 줄을 추가로 적어 넣었다. "너여, 조국에 충성하라."

나는 특히 그 책의 마지막 부분을 읽으면서 깊은 감동을 받았다. 구한말 우리 부조(父祖)들은 사리사욕에 사분오열되어 서로 남의 발목을 잡고 이전투구를 하면서 근대화를 이룩하지 못했다. 그 바람에 나라를 잃고 일본의 식민지가 되어 눈물겨운 35년의 세월을 보냈다. 그 후 연합국의 승리로 해방을 맞긴 했으나 강토는 분단되었다. 더구나 세계 최빈국으로서 처참하게 보릿고개에 허우적거리면서도 제정신을 차리지 못한 채 극한투쟁만 일삼았던 것이 우리의 현대사이다. 그러니 마치 모로아 대위가 우리 대신 우리의 역사를 기록해 준 것만 같았다. 느끼는 바가 컸었다. 이 좋은 책을 다시 한 번 읽고 싶어서 나는 6월 25일 아침 식사를 끝내고 춘천도서관으로 가기 위해 천천히 하숙집을 나섰다.

하숙집을 나서면서 계급장이 부착된 카키색 여름군복을 입고, 비닐 커버를 씌운 카키색 군 정모를 썼다. 신발은 군화 대신 검은색 긴 고무장화를 신었으며 엷은 녹색 군용우의를 군복 위에 입었다.

나는 하숙집을 떠나 완만하게 경사진 도로를 따라 약 300미터쯤 북쪽으로 걸어 내려갔다. 거기서 동서로 가로놓인 넓은 길과 만나는 교차로에 도달했다. 이 교차로 서남쪽 모퉁이에 춘천공회당(公會堂)이라는 큰 건물이 있었다. 여기서 북쪽으로 한참 가면 제7연대 본부와 함께 있는 제1대대 병영(兵營)이 나오고, 동북쪽으로 꽤 가면 춘천도서관이 나왔다. 내가 춘천공회당 모퉁이에 이르렀을 때 내 앞으로 뛰어오는 칼빈 총을 멘 제1중대 연락병 안기수(安起秀) 하사를 만났다.

그는 내 앞에서 다급하게 멈춰 서더니 거수경례를 하고는 "중대장님, 인민군이 38선을 넘어 공격해 와서 연대에 비상이 걸렸습니다. 대대장님이 대대본부에서 중대장님을 기다리고 계십니다. 빨리 오시라고 하셨습니다."라고 구두 메시지를 큰 소리로 숨가쁘게 전달했다. 이때가 오전 8시 30분경이었다.

이러한 비상소집은 그전에도 심심찮게 있었으며 새로운 일이 아니었다. 북조선 공산군이 야간에 38선을 넘어와서 아군이나 민간 마을에 사격을 가하고 소란을 피우는 상황이 가끔 있었다. 그럴 때에는 연대본부에서 비상을 걸어 영외거주 장교들과 하사관들을 영내로 소집했다. 영외거주 장교들과 하사관들이 막상 모두 영내에 집합하면 38선 경비를 담당하는 우리 국군 중대장으로부터 "북조선 공산군은 다시 38선을 넘어 북쪽으로 돌아갔다."는 보고가 들어오는 경우가 대부분이었다. 그러면 영외거주 장교들과 하사관들은 "비상소집 훈련 한 번 잘했다."고 웃으면서 싱겁게 집으로 되돌아갔다.

'오늘도 그런 것이 아닐까.' 반신반의하면서 영내에 도착하였다. 그러나 그날은 전혀 뜻밖의 큰 상황이 벌어지고 있었다. 꼭 날벼락을 맞은 기분이었다.

제1대대장 김용배(金龍培) 소령의 상황 설명은 다음과 같았다.

"북조선 공산군은 오늘 새벽에 38선의 모든 전선에서 기습남침 총공세를 감행했다. 우리 제7연대의 38선 배치부대인 제2대대와 제3대대는 38선 일대에서 북조선 공산군과 교전 상태에 들어갔다.

내평(內坪)에 있는 제7중대는 적군 대부대의 맹공으로 38선에서 후퇴, 양구-춘천가도를 따라 지연전을 펴고 있는 상황인데 현재 통신이 두절 상태에 있다. 모진교(母津橋) 일대에서 화천-춘천가도를 방어하고 있던 제9중대는 중대장 이래흥(李來興) 중위가 전사했다. 압도적 다수인 적군에 의해 결정적 타격을 받은 중대는 소수의 생존병력이 춘천으로 후퇴 중이다.

그리고 춘천시를 목표로 진격해 내려오고 있는 적군의 편성이나 병력 수는 아직 알 길이 없으나, 우리 제7연대 정면에 쏟아져 떨어지고 있는 수백 발의 적군 야포(곡사포)탄 사격을 고려할 때, 적군은 최소한 1개 사단으로 생각된다."

이렇게 적군 야포는 38선 아군 방어진지를 초토화시키고 있었다. 그런데 우리 제6사단포병인 제16포병대대의 105밀리 M3 야포(곡사포)는 사거리가 짧아, 38선 일대를 침공하고 있는 북조선 공산군 부대에 대해 전혀 손을 못 쓰고 있는 상황이었다.

화천-춘천가도를 따라 진격하는 적군 선두부대는 옥산포에서 약 3km 북방에 있는 역골까지 진격해 내려왔다고 했다. 화천-춘천가도 상의 적군과 맞서고 있는 아군 소총부대는 전무하며 겨우 사단공병 수십 명, 연대 대전차포 2개 분대(2문), 그리고 제12중대 중기관총 2정, 81미리 박격포 2문이 고작이라고 했다. 이들 아군 병력을 모두 합치더라도 100명 남짓한 소수 병력에 불과한 데다가 이들은 모두 지휘계통이 다른 각각의 독자적인 소수 부대들이어서 지휘 통일도 이루어지지 못하는 상황이었다.

얼마 안 있으면 우리 제7연대본부에도 적군의 포탄이 쏟아져 떨어질 판이었다. 나는 야전용 군화와 전투작업복과 철모를 가지러 하숙집까지 다녀올 시간적 여유가 없었다.

제1중대 보급계 박래영(朴來榮) 이등중사를 급히 불러서 중대창고에 있는 군화와 작업전투복과 철모를 가져오라고 했다. 내가 착용하기 위해서였다. 그가 급히 달려가 작업전투복 한 벌, 철모 한 개, 그리고 군화 여러 켤레를 갖고 왔다. 내 발에 맞는 것을 골라 신으라는 것이었다. 그러나 군화는 모두 작아서 신을 수가 없었다. 내 발에 맞는 것이 없냐고 했더니, 겨울에 신는 방한화 사이즈 큰 것이 있다면서 달려가더니 겨울용 방한화 한 켤레를 갖고 왔다. 급히 옷과 신발을 신었다. 그리고 철모를 썼다. 옆에서 시중을 들던 제1중대 연락병 박재현(朴載賢) 하사가 반창고를 가위로 잘라서 철모 앞부분에 아래 위로 나란히 2개 붙였다. 육군 중위 계급을 표시하기 위해서였다. 그때 당시 중위 계급장은 네모진 一자 표시를 2개 가지런히 나열하는 것이었다.

제1중대 인원점검을 급히 했다. 외출, 외박 및 휴가를 가서 아직도 중대에 복귀하지 못한 사병이 약 40명이었다. 다행히 소대장인 한도선(韓道善) 중위, 강구석(姜九錫) 중위, 손종구(孫種九) 소위, 소대장 대리 직무 수행을 겸무하고 있는 이한직(李漢稙) 상사는 모두 와 있었다. 이들 제7연대 제1중대 소대장들 4명은 6.25전쟁에서 전원 전사했다. 그뿐 아니라 그 윗 상관인 조현묵 대위, 제1대대장 김용배(金龍培) 소령도 모두 전사했다. 나 역시 음성지구 전투에서 적탄에 중상을 입고 출혈과다로 한때 의식불명의 위기를 겪다가 병원에서 겨우

연도별	월별	전사자 수
1950년	6월	34명
	7월	24명
	8월	10명
	9월	9명
	10월	4명
	11월	3명
	12월	5명
1951년	1월	4명
	2월	1명
	4월	1명
	5월	1명
	6월	2명
	7월	1명
	12월	2명
1952년	5월	2명
	6월	1명
1953년	6월	3명
	7월	1명
합계		108명

육군사관학교 제7기생 전사자수 통계

살아남은 바 있다.

6.25전쟁이 일어나는 날, 대한민국 육군장교 총수의 약 97퍼센트가 육군사관학교 출신장교들이었다. 이 육군사관학교 출신 총 인원수는 6,178명(육사 재학생인 제10기생 및 생도 2기생 포함)이었다.

이 중 1,460명이 6.25전쟁에서 전사했다. 이때 장교 전상자(戰傷者) 수는 장교 전사자 수의 약 3배였다. 제7기 졸업생은 6.25전쟁 초에 거의 대부분 소총중대장이었다가 6.25전쟁이 끝날 무렵에는 주로 일선 보병대대장이 되어 있었다. 그래서 전쟁 기간 내내 최전방 고지에서 전투를 했다. 이 육군사관학교 제7기생의 월별 전사자 수를 표본으로 기준 삼아, 6.25전쟁의 초기 3개월이 얼마나 치열했는지 객관적으로 앞의 그림과 같이 보여줄 수 있다.

상기 108명 외에 적군 포위망 속에서 적탄을 맞고 낙오한 경우, 그 후 여러 소식통에 의해 사망한 경우로 확인된 2명의 전사자를 추가로 포함하면 육사 제7기생의 6.25전쟁에서의 사망자 총수는 110명에 달한다.

상기 통계에서 나타나듯이 6.25전쟁 초기 3개월(1950년 6월 25일~9월 30일)간의 장교전사자 수는, 6.25전쟁 전체기간(1950년 6월 25일~1953년 7월 27일) 총 장교전사자 수의 70%가 된다. 이렇듯 전쟁 초기 3개월간의 전투는 대한민국의 사활(死活)이 걸린, 그야말로 사투였다.

6.25전쟁 기간 중 대한민국 국군 전체의 전투 손실은 다음과 같다.

6.25전쟁 초기 3개월의 사투는 동서고금의 전쟁사(戰爭史)를 통해서

전사자	전상자	실종자	합계
137,899명	45만 742명	3만 2,828명	62만 1,469명
22.19%	72.50%	5.28%	100%

6.25전쟁 중 대한민국 국군의 인명 피해

이렇게 치열하기도 드문 일이다. 육군본부에서는 후방에서 급모(急募), 급조(急造)한 신병(新兵)들을 1950년 7월 하순부터 일선 부대로 급송(急送)했다. 산더미 같이 많은 병력이었다. 그렇게 병력 손실을 계속적으로 보충한 것이다.

구소련 붕괴 후 알려진 그들의 비밀문서에 의하면 북조선 공산군의 6.25 남침 계획은 독소전(獨蘇戰)에 참전하여 전투경험이 풍부한 소련군사고문단 장교들이 작성했고 김일성과 북조선 공산군 총사령부 김광협(金光俠) 소장이 관여했다.

북조선 공산군의 6.25 남침계획 작전개념(作戰槪念)은 우선 북조선 공산군 제1군단이 개성-동두천-포천 일대에서 38선을 돌파하여 서울을 점령하고 제2군단은 춘천-내평-신남 일대에서 38선을 돌파하여 춘천을 삽시간에 점령하는 것이다. 그런 다음에 우회(迂廻) 기동하여 이천-용인-수원선으로 진격하여 북쪽을 향하여 그물망(網)을 치고 기다리다가 서울에서 한강을 건너 남하하는 대한민국 국군 패잔병들을 포착, 섬멸시켜 한반도 적화통일을 달성한다는 것이었다.

춘천지구 전투는 유능한 소련군사고문단의 장교들이 김광협 국장과 협조하면서 심혈을 기울여 작성한 이 북조선 공산군의 남침 작전계획을 전쟁 초기에 결정적으로 좌절시키고 신생 대한민국을 우선 살리는 데 큰 영향을 준 전투였다. 대한민국 국방부 전사편찬위원회가 발행한 『한국전쟁 전투사』 22쪽에는 다음과 같은 기록이 있다.

"춘천 및 홍천에서 적에게 결정적 타격을 가한 제6사단은 (중략) 국군의 중추적 역할을 담당하였다. 다시 말해서 전쟁 초기 국군 8개 사단 중에서 적에게 승리한 부대는 오직 제6사단뿐이었다. 북괴 제2단장 소장(少將) 김광협(金光俠)은 개전 전까지 북괴군 총사령부 작전국장(1948년 9월 9일 ~ 1950년 6월 11일)이었다. 그는 남침 작전계획 수립에 있어서 주공(主攻)인 제1군단이 서울을 점령하면 조공(助攻)인 제2군단이 춘천-이천-수원으로 우회 기동하여 국군을 그 이북에서 섬멸케 하는 계획수립의 당사자이기도 했다. 국군 제6사단은 이와 같은 북괴군의 공격계획을 좌절시킴으로서 유엔군이 증원할 수 있는 시간을 얻게 하였으며 아울러 부산 교두보를 확보하는 데 결정적인 역할을 하였으니, 제6사단의 춘천-홍천 전투야말로 만고에 빛날 승리의 금자탑이라 아니 할 수가 없다."

그렇다면 북조선 공산군 제2군단장 김광협 소장이 직접 전투를 지휘한 춘천지구 전투는 어떤 양상으로 공방전이 전개되었을까?

1950년 6월 25일 오전 4시부터 6월 28일 오후 3시까지의 3일 반 동안 계속된 춘천지구 전투의 개황(概況)을 적어보면 다음과 같다.

춘천에 있는 국군 제6사단 제7연대의 약 40km의 넓은 정면에 38도선을 따라 북한강 위의 모진교(母津橋)가 있었다. 그 동쪽 약 6km

지점에 있는 고지를 제한점(경계선)으로 하여 좌측에는 제7연대 제3대대가, 우측에는 제7연대 제2대대가 배치되어 경비임무를 수행하고 있었다. 그리고 제7연대 제1대대는 춘천역 인근에 있는 광범위한 제7연대 영내에서 연대본부와 함께 연대예비대대로서 주둔하고 있었다. 그리고 때마침 제6사단 사단포병인 제16포병대대 전체가 춘천시 북단의 우두동에 와서 주둔하며 훈련 중이었다.

훗날 알게 된 사실이지만 남침전쟁 첫날인 1950년 6월 25일 새벽 4시, 우리 국군 제6사단 제7연대 정면을 공격해온 북조선 공산군 부대는 제2사단 전 병력과 제12사단 제31연대 병력이었다. 그날 북조선 공산군 제2사단의 병력 수는 1만 838명이었고 제12사단 제31연대의 병력 수는 약 2,800명이었다. 이것을 합치면 약 1만 3,000명이다. 이에 비해서 우리 국군 제7연대의 병력 수는 2,503명(1950년 6월 25일 일보상의 병력 수)이었고 제6사단 포병인 제16포병대대는 약 500명의 병력이어서 이것을 합치면 춘천지구에 있는 국군 총병력 수는 약 3,000명이 된다. 북조선 공산군 병력 수에 비해 엄청나게 적은 수였다.

그다음 날인 6월 26일 아침에는 원주에 있던 제19연대 전 병력이 춘천으로 이동해 와서 예비대로서 제7연대 후방에 배치되었다. 이 제19연대의 병력 수는 2,160명(일보상의 병력 수)이며 이것까지 합치더라도 춘천지구의 국군 총병력은 약 5,200명이어서 공격해 오는 북조선 공산군 병력의 반도 채 안 되었다. 그럼에도 국군 제19연대는 춘천에서 약 1일간을 머물고 6월 27일 오전에 2개 소총중대만 춘천에 남겨놓고 전 병력이 춘천에서 빠져나가게 된다.

춘천지구의 우리 국군이 맞은 더 심각한 문제는 위와 같은 병력의 열세보다는 포병화력(砲兵火力)의 엄청난 열세였다.

화천 방면에서 춘천시로 진격하고 있는 북조선 공산군 제2사단 편제상의 포병은 최대사거리 1만 3,300미터의 76밀리 야포(곡사포) 36문과 최대사거리 2만 800미터의 122미리 야포 12문을 가지고 있었다. 이에 추가해서 SU76 자주포 16문도 가지고 있었다. 그리고 양구 방면에서 춘천시로 진격하는 북조선 공산군 제12사단 제31연대를 지원하는 76미리 야포 12문이 추가로 있었다. 이것을 모두 합치면 춘천시로 진격해오는 북조선 공산군 부대의 야포는 합계 60문이고 SU76 자주포가 16문이었다.

이에 비해서 우리 국군 제6사단은 제16포병대대의 M3곡사포(야포) 15문을 가지고 있었다. 게다가 그중 3문은 고장이 나서 수리 차 후송되어 실제로는 12문이 전부였다. 이러한 수적 열세뿐 아니라 더 문제가 되는 것은 사정거리였다. 우리 국군의 120밀리 곡사포의 최대사거리는 7,500미터에 불과해 북조선 공산군이 보유하고 있는 곡사포 최대사거리의 반(半) 또는 3분의 1밖에 되지 않았다. 그래서 아군 보병부대에 대한 지원사격이나 적군 보병부대에 대한 사격은 기습적으로 해야 했고, 길어야 약 2시간 포탄을 적군에게 퍼부을 수 있을 뿐이었다. 만약 북조선 공산군 포병관 측 장교들에게 우리 국군 포병진지 위치가 알려지면 적군 포병사격의 포탄이 국군 포병진지에 우박처럼 쏟아져 떨어졌다. 우리 국군 포병은 사거리가 짧은 탓에 꼼짝 못하고 고양이 앞의 쥐 신세처럼 일방적인 공세를 면할 길이 없었다.

그래서 국군 포병은 대포병전(對砲兵戰)은 엄두도 못 냈다. 한 진지에서 적군 보병부대에 대한 기습적 사격을 한 다음 새로운 후방 진지로 이동해야 했다. 오래 머물 수가 없었기 때문이다.

따라서 우리 국군 포병부대 전투력은 "목숨 바쳐 나라를 구하겠다."는 장병들의 고귀한 정신전력(精神戰力)에 크게 의존할 수밖에 없는 처지였다.

춘천지구 전투의 주공(主攻)은 화천-춘천가도를 축(軸)으로 이루어지고 있었으며 기타 지역은 조공(助攻)으로 이루어지고 있었다. 주공지역 맨 앞에 투입된 북조선 공산군은 제2사단 제6연대 제1 및 제3대대이며, 그 바로 뒤에는 제2사단 제17연대가 따라오고 있었다. 제6연대 제2대대는 독립작전을 하며 가평(加平)으로 진격하고 있었다.

주공 지역 동쪽에서는 제2사단 제4연대가 진격하고 그 동쪽 양구 방면에서는 제12사단 제31연대가 공격해 내려오고 있었다.

북조선 공산군 주공 지역 38선 일대에는 국군 제7연대 제9중대가 배치되어 있었으나 적군의 맹렬한 포격에 의해 쑥대밭이 되고 제9중대장 이래홍(李來興) 중위는 전사했다. 이어서 제2소대장은 적탄에 전상을 입어 후송되었으며 곧이어 제1소대장은 전사했다. 장교로서 유일하게 살아남은 제9중대 선임장교 겸 제3소대장은 실탄보급마저 막히자 중대장을 대행해 중대 생존사병들을 수습, 오전 8시 30분경 춘천시로 철수를 결심하였다. 이때 북조선 공산군은 이미 모진교를 건너 남쪽으로 진격하여 38선 약 8km 남쪽에 있는 역골까지 진출해 있었다. 그래서 그 도로는 이용하지 못하고 세밀고개 일대를 넘어서 춘천시 소양로 1가에 있는 소양정(昭陽亭)에 도착했다.

이날 저녁 7시에 소양정에 도착한 제9중대 병력을 보면 장교는 김정규 중위 한 명뿐이고 사병은 36명에 불과했다. 4분의 3의 손실을 본 것이었다.

한편 국군 제7연대 제2대대 제5중대와 제6중대는 북조선 공산군 제2사단 제4연대의 공격을 받고 응전 중이었다. 중과부적으로 밀리면서 지연전을 펴고 있었다. 제7중대는 양구로부터 공격해 내려온 북조선 공산군 제12사단 제31연대에 맞서 치열한 공방전을 벌이고 있었다. 특히 방어선 좌측방의 654고지에서는 제1소대가 잘 구축된 견고한 진지에서 완강히 진지를 지키며 싸웠으나, 우전방에 배치된 제3소대가 무너지면서 도로를 따라 후퇴, 지연전을 펴고 있었다.

국군 제7연대 좌일선 가평 방면 38선 고시락 고개 진지에서 제10중대 제1소대는 북조선 공산군 제6연대 제2대대의 공격을 받고 홍적령으로 후퇴 중이었다.

이런 와중에 국군 제7연대 제1대대는 김용배 소령의 지휘하에 아침 9시부터 9시30분 사이에 각 중대별로 출동준비가 끝나는 대로 순차적으로 급속히 군용트럭에 탑승했다. 그리고 전속력으로 우두동 북방 164고지 및 그 북쪽 약 1.5km 능선 일대로 달려가 사전에 구축해놓은 대대방어진지를 향하여 달려갔다.

우두동 일대에 주둔하고 있던 국군 제16포병대대는 사거리가 짧아서 38선 부근의 전투에는 속수무책이었다. 적군 제2사단 제6연대가 SU76 자주포를 앞세우고 기동력과 화력을 과시하면서 의외로 빨리 아침 8시 20분경 화천-춘천가도를 따라 우두동 북방 약 4~6km 전방인 역골, 한계울 일대에 진출했다. 국군 제16포병대대는 이들에게 기습적인 포격을 맹렬히 퍼부었다.

38선을 돌파한 후 무인지경을 달리면서 그곳까지 빠르게 진격한 적군 제2사단 제6연대는 돌발적인 아군의 우박처럼 쏟아지는 포격에 당황하면서 전진이 저지되었다. 그러면서 새로운 부대 전개를 하지 않을 수가 없어 약 2시간 동안 역골, 아리산, 한계울 일대에 머물렀다. 또한 적군 제6연대 뒤에 따라오던 적군 제17연대는 용천사, 약왕사, 서원 일대에서 일단 정지하고 새로운 상황을 파악하는 데 시간을 끌었다.

국군 제16포병대대가 잘 싸우면서 이렇게 황금 같은 시간을 벌어주고 있어서 국군 제7연대 제1대대는 춘천시내 주둔지에서 소양강 다리를 건너 우두동 북방의 준비된 방어진지에 안전하게 이동 배치할 수가 있었다. 제1대대는 이동 중에 우두동에서 제16포병대대가 열심히 사격하고 있는 것을 보고 "고맙다."는 생각에 자연히 사기가 높이 올라갔다.

국군 제7연대 제1대대가 방어진지에 완전 진입하여 방어배치를 끝낸 것은 오전 10시 30분경이었다.

이 제7연대 제1대대 방어진지는 화천-춘천가도인 제5번 도로에서 동쪽으로 약 1.5km 떨어져 있으며, 5번 도로와 거의 평행선을 이루면서 남북으로 길게 뻗은 능선 상에 있었다. 이 방어진지는 만일의 비상 긴급사태에 춘천 방어를 효과적으로 수행하기 위해 제7연대 제1대대 장병들과 춘천사범학교, 각 남녀 고등학교 학생들이 자진 봉사하여 모두 함께 땀 흘려 1950년 봄에 완성시킨 것이었다. 뿐만 아니라 38선 방어진지 그리고 38선에서 소양강변에 이르는 지역 내의 모든 제7연대 방어진지 구축에는 이들과 농과 대학생들, 춘천 청년회원들까지 하나가 되어 흘린 땀이 배어 있었다.

1950년 6월 25일 오전 10시 30분경부터 국군 제7연대 제1대대는 정면에서 오는 북조선 공산군을 수 차례에 걸쳐 격퇴시키고 서쪽 화천-춘천가도를 따라 춘천 방향으로 진격하는 북조선 공산군에 대해서 기관총 원거리 사격이나 박격포 사격으로 측방에서 적군의 전진을 방해했다.

한편 화천-춘천가도를 따라 춘천시에서 38선에 배치되어 있는 제9중대를 증원하려고 북상하던 국군 제7연대 제3대대 제12중대의 중기관총 2정, 81미리 박격포 2문, 그리고 제3대대 본부 인원 등을 합하여 약 40여 명의 병력이 적군과 사격전 상태에 들어갔다. 이들은 제3대대 인사장교 겸 정보장교 송인규(宋寅圭) 중위와 제12중대 이원우(李元雨) 상사의 지휘하에 있던 부대였다. 역골 남쪽에 진출한 북조선 공산군 제6연대 예하 부대와 갑자기 조우해 급히 한계울 고지로 뛰어간 것이다. 6월 25일 오전 8시 30분경 북한 공산군과 전투 상태에 들어갔다. 이때부터 국군 제16포병대대의 적군에 대한 기습적 포격이 시작되었다.

이 무렵, 한계울 남방 약 600m 화천-춘천가도 옆 솔밭에는 제7연대 대전차포 중대 제2소대장 심일(沈鎰) 중위 지휘 하의 57밀리 대전차포 2문이 배치되어 있었다.

한계울 고지대에 배치되어 방어전에 들어간 제3대대 병력 약 40명은 제16포병대의 기습적인 포격 지원을 받으면서 방어진지에서 적군의 전진을 저지시켰다. 북조선 공산군은 아군 제16포병대대의 기습적인 포격에 당황해서 대열이 흐트러지고 있었다. 그러나 제7연대 제3대대 제12중대와 본부 중대 병력들은 워낙 압도적인 적군 병력과 정면 대결을 할 수가 없어서 중과부적으로 오전 10시경부터는 철수를 개시하여 우두동을 경유, 낮 12시경 소양강 다리를 건너서 춘천시내에 있는 제3대대 본부로 철수했다.

이날 오전 10시 30분경, 남으로 진격해오는 적군과 국군 심일 중위가 지휘하는 제7연대 대전차포 중대 제2소대는 교전상태에 들어갔으며 심일 중위는 이렇다 할 전과를 전혀 못 올리고 오히려 대전차포 2문 중 1문을 적군에게 탈취당하는 패전 끝에 1문만을 가지고 오전 11시 30분경 춘천시 우두동까지 후퇴했다.

제7연대 제2대대는 압도적 화력과 병력으로 쏟아져 내려오는 북조선 공산군 제2사단 제4연대와 제12사단 제31연대의 공격에 온힘을 다하여 지연전을 펼쳤다. 그러면서 소양강 원진나루와 할미여울 남쪽의 지내리에 미리 구축해놓은 대대방어진지를 향하여 서서히 철수 중에 있었다. 이 가운데 양구-춘천가도인 46번 도로(지금은 수몰지역)를 차단하고 있던 제7중대는 이건옥(李建玉) 중위의 지휘하에 한동안 잘 버티고 있었으며 특히 중대 좌일선인 654 고지에 배치되어 있는 제7중대 제1소대는 6월 25일 낮 동안 잘 구축된 도치카들의 방어진지에서 완강하게 계속 저항했다. 적군은 끝내 이 진지를 점령하지 못하고 포기한 채 우회해서 남진하는 작전을 구사했다. 제7중대 본부와의 연락이 두절된 제1소대장 김응래 소위는 자신들이 완전히 고립된 것을 알게 되자 "일몰(日沒)과 동시에 654고지를 포기하고 제2대대 주력과 합류해야겠다."는 결심을 했다. 철수를 감행한 그는 산줄기를 따라 708고지-578고지-내평나루에서 소양강을 건너 소양강 남안(南岸) 산줄기를 타고 철수했다. 그러다가 소양강 북쪽 양구-춘천가도 상에 적군부대가 보이면 기관총, 자동소총, 소총 등의 장거리 사격을 적군에게 가하여 적군의 춘천으로의 전진을 방해, 지연시키는 작전을 구사했다. 그러면서 이들은 계속 이동해 6월 26일 오후 2시경, 지내리 고지대의 제7연대 제2대대의 방어진지에 도착했다.

지내리 고지대의 제7연대 제2대대 방어진지에는 6월 25일 일몰시까지 제2대대 총병력의 반 이상이 집결했다. 그날 밤 소양강 북쪽에 남아있는 병력과 소양강 남쪽에서 내보낸 정찰조는 적군 진지에 자주 은밀하게 잠입해서 기습사격을 가하고 철수하는 위력수색으로 적군을 교란시켰다.

그리고 북조선 공산군 제2군단의 주공격선상에 배치되어 방어임무를 수행하고 있던 제7연대 제1대대는 6월 25일 밤이 오자 역시 북방과 서북방에 있는 적군 부대에 대해 정찰조를 자주 내보냈다. 정찰조는 적군 진지에 들어가 기습사격을 가하고 번개같이 철수해 버리는 위력 정찰을 번번이 벌여서 적군을 교란시키고 적군의 발을 묶어놓는 작전을 구사했다.

6월 25일이 가고 6월 26일 아침이 밝았다. 북조선 공산군 제2사단 주력은 국군의 완강한 저항에 부딪혀 상당한 인원손실을 입었다.

느림보 전진이었지만 공산군은 워낙 수적으로 우세하여 6월 26일 오전 10시경에는 한계울 남방 약 2km 지점에 있는 옥산포(玉山浦)를 완전 점령, 장악한 뒤 그곳으로부터 남쪽으로 약 500m 더 전진해 있었다. 북조선 공산군 제2사단 사령부가 예하 제6연대에 배속한 자주포 5문도 옥산포에 진격해 있었다. 곧 춘천시내로 돌진할 수 있는 전개로 들어간 것이다.

춘천시내가 적 수중에 들어가면 실탄보급이 끊어져서 제7연대 제1대대는 물론이고 각 예하부대가 소양강 북방에서 전투할 수가 없게 된다.

천재적 군사지식과 용기를 겸비하고 있던 제7연대 제1대대장 김용배 소령은 "우리 병력과 화력은 매우 열세지만 아주 빠른 속도로 적군 측방에서 기습 공격을 감행한다면 적군을 삽시간에 짓밟고 큰 타격을 주어 혼란 상태에 빠뜨려 후퇴시킬 수 있다."는 비범한 판단을 내렸다. 그래서 제7연대장 임부택 중령에게 옥산포에 있는 적군에 대한 측방 기습 공격명령을 제1대대에게 내려달라고 건의했다.

연대장 임부택 중령은 제16포병대대장 김성 소령과 협의한 후 마침 제7연대 관측소인 봉의산 정상에 올라온 제6사단장 김종오 대령에게 보고하고 제1대대의 옥산포 기습공격을 허가했다. 이때가 대략 6월 26일 아침 7시경이었다. 이 기습공격의 성공 여부는 장병들의 용감성 및 질풍과 같이 빠른 기습속도 여하에 달려 있었다.

제1대대장 김용배 소령이 예하 각 중대장들을 대대관측소 164고지에 불러서 옥산포의 적군에 대한 기습 공격명령을 하달한 것은 6월 26일 아침 7시 30분경부터 8시경까지의 시간대였다.

1950년 6월 26일 오전 10시 30분, 제7연대 제1대대는 제16포병대대의 맹렬한 기습적 지원사격을 받으며 제1중대를 우(右)로, 제3중대를 좌(左)로, 제2중대는 예비대로 후속시켜 일제히 산에서 뛰어내려 옥산포를 향해 노도와 같이 달려갔다. 남쪽에 있는 춘천시에 시선을 집중하면서 공격 준비를 서두르고 있던 북조선 공산군 제2사단 제6연대는 측방에서 날벼락 같이 쳐들어오는 국군에 미처 대항할 태세를 갖추지도 못하고 와르르 뿔뿔이 흩어져 버렸다. 전투력이 와해(瓦解)된 것이었다. 얼마나 급했는지 그 귀중한 SU76 자주포 5대를 모두 버리고 허둥지둥 북으로 2~3km 도주하는 사태에 이르렀다.

제7연대 제1중대는 이들을 추격하여 삼거리 하천(河川)선까지 진출하여 일단 정지하고 적군의 역습에 대비한 방어선을 형성하였다. 그리고 제2중대와 제3중대는 옥산포 일대의 집들을 수색하여 미처 도주하지 못하고 숨어 있던 적군들을 소탕했다.

1950년 6월 25일 점심때까지 춘천시 중심부를 점령한다는 북조선 공산군의 작전 계획이 실패하자 적군 제2군단장 김광협 소장은 일선 현지에 나와서 6월 26일 점심때까지는 소양강 다리를 건너 꼭 춘천시 중심부를 점령해야 한다는 독전을 하고 있었다. 하지만 국군 제7연대 제1대대의 기습적 옥산포 공격으로 적군 제2사단 제6연대가 크게 부서지면서 오히려 북으로 쏜살같이 패주해 오는 것을 보고, 김광협 소장은 상당히 당황하면서 전방지휘소로 되돌아갔다.

이들이 버리고 간 SU76 자주포 5대 중 1대는 적군 스스로가 파괴하고 달아나서 쓸모가 없었다. 하지만 4대는 멀쩡한 신품이었다. 이 귀한 노획품을 빨리 제7연대본부에서 후방으로 가져가 달라고 지휘계통을 통해 연대본부에 건의했다. 이 옥산포전투의 큰 승리는 춘천

대첩(春川大捷)의 가장 빛나는 승리 장면이었다.

6월 26일 오후 2시경, 북조선 공산군 새로운 부대가 SU76 자주포 5대를 동반하고 옥산포에 있는 국군 제7연대 제1대대를 향하여 공격을 개시하였다. 제7연대 제1대대는 이들과 치열한 공방전을 벌이고 있었으나 동쪽 약 1.5km 능선상 제1대대의 잘 구축된 원래 방어진지는 방어병력 없이 텅텅 비어 있었다. 그쪽 원진지로 제1대대가 이동하는 것이 전술상 더 유리하다고 판단한 연대장 임부택 중령은 옥산포에서 원 방어진지로 이동하라는 명령을 제1대대장에게 내렸다.

제7연대 제1대대 예하 각 중대들이 옥산포에서 원 방어진지로 이동할 때, 그때까지도 가져가지 못하고 옥산포에 남아 있던 4대의 노획품을 깜빡 잊고 파괴하지 않고 떠나는 실수를 저질러버렸다. 결국 이 소중한 노획품은 적군의 수중에 되돌아갔다.

6월 26일 오후 5시 30분경, 제1대대장 김용배 소령은 북조선 공산군을 교란시킬 수 있는 적극적인 공세적 방어를 위한 전투 명령을 하달하려고 164고지에 있는 대대관측소에 중대장들을 집합시켰다. 때마침 양구-춘천가도를 따라 지연전을 펼치면서 적군의 진격을 36시간 지연시키고 있던 제2대대 제7중대장 이건옥 중위가 지친 모습으로 부하 사병 약 10명과 함께 164고지로 왔다. 그는 "양구-춘천가도를 따라 최후의 지연전을 펼친 제7연대 제2대대 중대장으로써 여기까지 후퇴해왔다."며 자기는 "곧 소양강을 건너서 원진나루, 할미여울 남쪽에 있는 제2대대 방어진지로 갈 것이나, 급박한 적정(敵情)을 제1대대에 알려주려고 이곳에 왔다."고 말했다. 즉 "지금 적군의 선두부대는 샘밭 동쪽까지 왔으며 오늘 초저녁에는 틀림없이 우리 제1대대진지의 후방에 있는 여우고개까지 진격해 올 것이라 여기에 대한 대비를 서둘러야 할 것"이라는 것이었다. 그리고 이건옥 중위는 164고지를 떠나서 제2대대진지로 향했다. 이건옥 중위는 대위로 7월에 진급했으며 1950년 10월 29일 평안북도 초산군 풍장지구 전투에서 전사했다.

제7중대장 이건옥 중위가 164고지를 떠난 지 약 20분 후에 제7연대장 임부택 중령이 제1대대장 김용배 소령에게 작전명령을 유선전화를 통해 하달했다. 즉 제1대대는 오늘(6월 26일) 일몰과 동시에 현 방어진지를 떠나 철수를 개시하여 우두동 내다리여울을 건너서 춘천사범학교 뒷산으로 이동하라는 것이었다. 제1대대가 적군에게 후방을 차단당해 보급이 두절되어 고립 상태에 빠지는 것을 피하고 소양강 방어 편성을 강화하며 상황에 따라 춘천시내에서 시가전을 벌이기 위한 조치였다.

이에 앞서 이날 아침 해뜰 무렵까지 원주에 주둔하고 있던 국군 제6사단 제19연대 전 병력이 춘천시로 이동하여 제7연대의 후방 예비

진지에 배치되었다. 제7연대는 제19연대와 함께 제6사단장 김종오 대령의 작전 지휘하에 있었다. 일단 소양강 방어선을 강화하고, 상황 진전에 따라 춘천시내에서 시가전을 하면서 적군에게 큰 타격을 주고 필요할 때 북진반격(北進反擊)을 한다는 작전에 들어간 것이다. 6월 26일 오후 7시경, 제7연대 제1대대는 164고지 및 그 북방능선 일대의 원 방어진지에서 철수를 개시했다. 도보로 우두동 동쪽에 있는 내다리여울을 건너 후평동을 거쳐서 춘천사범학교 뒷산에 도착했다. 그리고는 맨땅 위에 누워서 숙면을 취하며 그날 밤을 보냈다.

원진나루, 할미여울, 남방 지내리 일대의 고지대에 배치되어 있던 국군 제7연대 제2대대는 제7연대장 작전명령에 의하여 그 방어진지를 포기하고 6월 26일 초저녁 8시경 남서쪽으로 이동을 개시했다. 그리고 약 5km를 내려와 춘천시 후평동 125고지로부터 시작해서 동쪽으로 새로운 방어진지를 편성, 배치한 후 그날 밤을 보냈다.

춘천지구에서 이러한 상황이 전개되고 있는 동안, 가평지구에서는 6월 25일 새벽 5시 30분경 북조선 공산군 제2사단 제6연대 제2대대 전 병력이 38선 남쪽 고시락 고개에 배치되어 있는 국군 제7연대 제10중대 제1소대 진지에 공격을 가해 왔다. 이때 국군 제10중대 제1소대는 전사자 3명, 전상자 7명을 냈다. 워낙 수적으로 열세에 있던 이들은 하는 수 없이 철수를 시작해 홍석령을 경유, 신당리에서 제10중대 제2소대와 합류한 후 우선 그곳에 머물렀다. 그러나 뒤따라온 적군 제6연대 제2대대에게 밀려서 그날 오후 6시 30분에 또다시 철수를 개시해야 했다. 밤 9시경 이들 전 병력은 골말 209고지 일대에 배치되었다. 이때 가평에 있는 국군 제7연대 제11중대는 전방으로 출동하여 제10중대 방어진지 바로 동쪽에 있는 성황당 일대 고지대에 배치되었다.

6월 26일 아침 7시, 적군 제6연대 제2대대는 국군 제7연대 제10중대 방어진지에 주공을, 제11중대 방어진지에는 조공을 가하며 공격해 왔다. 이때 마침 육군본부 명령을 받고 가평지구 전투상황을 파악하기 위해 가평지구에 파견된 국군 기갑연대 제1중대 1개 소대(소대장 이문학 소위, 37미리포 장갑차 3대, 0.5인치 중기관총 3정, 81미리 박격포 1문)가 맹렬한 사격을 적군에게 퍼부어 공격을 일단 저지시키는 데 성공했다. 그러나 제1기갑연대 제1중대 1개 소대는 점심 때쯤 서울로 돌아가고 적군의 공격은 또다시 재개되었다. 국군 제10중대와 제11중대는 이를 견디어내지 못하고 6월 26일 오후 2시경 철수를 개시했다. 제10중대는 옥녀봉(512고지)을 경유해 가평읍으로, 제11중대는 424고지(옛 지도에는 434고지)를 경유해 가평읍 동북쪽에 있는 보납산(331고지)으로 철수하여 각각 중대 방어진지를 편성했다. 이때 제10중대는 가평읍 북쪽 약 4km 지점에 있는 158고지에 제1소대를,

그 서쪽 노루고개 일대에 제2소대를 전방 배치하였다. 이런 가운데 6월 26일 밤이 지나고 6월 27일 새벽이 다가오고 있었다.

한편 6월 26일 오전 11시경, 육군본부는 다음과 같은 내용의 작전 명령 제95호를 수도경비사령관과 제1기갑연대장에게 하달했다.

(1) 적은 침공을 가속화하고 있다. 제6사단은 춘천지구, 제2사단은 포천지구에서 오늘 아침 공세이전을 하였다.

(2) 군은 일부 병력을 전환하여 방어태세를 강화하려 한다.

(3) 수도경비사령관은 예하 제8연대를 즉시 가평으로 전진(轉進)시켜 제6사단의 지휘를 받게 하라. 기갑연대장은 예하 1개 중대를 즉시 가평으로 이동시켜 제6사단의 지휘를 받게 하라.

상기 작전 명령을 육군본부로부터 받은 제8연대장은 부대를 이끌고 6월 26일 해질 무렵 가평에 도착했다. 그리고 읍내에 있는 가평 군청에 제8연대 CP를 설치하고 26일 밤 9시경 제6사단에게 제8연대의 가평 배치 상황을 보고했다. 이에 앞서 기갑연대장 또한 작전 명령에 따라 예하 제3도보 수색대대 제8중대를 가평으로 차량 이동시켜 가평읍 북쪽에 있는 국군 제7연대 제10중대와 연계하게 했다.

그런데 이게 또 무슨 변인가? 몇 시간 후인 6월 26일 밤 11시경 육군본부로부터의 긴급 작전 명령이 가평에 주둔 중이던 제8연대장과 제3도보 수색대대 제8중대장에게 하달되었다. 서울이 적군의 공격 앞에 매우 위급하게 되었으니 모두 즉각 서울로 되돌아오라는 것이었다. 이 작전 명령을 먼저 받은 제8연대장은 6월 27일 새벽 3시에 연대를 이끌고 가평을 떠나 서울로 향하였다. 좀 늦게 이 작전 명령을 받은 기갑연대 제3도보 수색대대 제8중대는 6월 27일 아침 7시에 가평을 떠나 서울로 향하였다. 결국 가평에 남은 국군 제7연대 제10중대와 제11중대 장병들에게는 충격적인 패배감(敗北感)이 감돌았다. 가평에 있던 제7연대 모 중대장 H 대위는 군용트럭에 쌀가마를 상당히 많이 싣고 자기 부인과 함께 중대를 이탈, 야반도주로 부산으로 내려갔다.

한편 춘천 시내에 배치되어 있던 국군 제16포병대대 제1중대(포대)는 사단장 김종오 대령의 명령에 따라 6월 26일 오후 12시 30분, 춘천을 출발하여 홍천으로 이동했다. 홍천지구에 있는 제6사단 제2연대를 지원하기 위해서였다.

제6사단장 김종오 대령은 소양강 남안과 춘천시내에서 북조선 공산군과 사생결단의 대전투를 벌여 적군에게 섬멸적 타격을 줄 결심을 하고 있었다. 그래서 6월 27일 새벽 4시경 제7연대장으로 하여금 제7연대 제1대대를 군용차량에 태워 미리 구축되어 있던 대대규모

예비 진지인 봉의산록 후평동을 향해 출발시키도록 했다. 이들은 춘천시 석사동 춘천사범학교 뒷산에서 야간 휴식을 취한 터였다. 여기서 제7연대 제1대대는 우두동 내다리여울 도하지점과 후평동 일대를 방어하는 임무를 맡게 되었다.

소양교(昭陽橋) 일대와 그 하류의 소양강 남안(南岸)에는 제7연대 대전차포중대, 연대근무중대와 본부중대의 일부 병력으로 임시 편성된 서근석(徐根錫) 특무상사가 지휘하는 혼합중대 및 제19연대 전 병력이 있었다. 이들은 방어임무를 수행하고 적군이 소양강을 건너서 춘천시내로 들어오면 치열한 시가전을 감행할 준비를 끝냈다.

그런데 갑자기 이 작전계획을 대규모로 변경하지 않으면 안 되는 육군본부 명령이 제6사단에게 하달되는 사태가 발생했다.

육군본부와 제6사단간의 무선통신망은 6.25전쟁이 일어날 때까지 직접 구성되어 있지 못했다. 그리고 유선통신망도 자체 것은 없고, 일반 우체국 교환수 수동전화기에 군용전화선을 연결시켜 통화가 힘들게 이루어지는 열악한 상태였다. 이 우체국을 통한 통신망은 1950년 6월 25일 오전에는 가동되고 있었으나, 6월 25일 오후부터는 불통되었다. 연락이 두절된 상태에 놓인 것이다. 그런데 어떻게 된 것인지 6월 27일 아침 7시 30분경에 이 우체국 교환수 연결 통신망이 기적적으로 다시 연결되었다. 그리고 육군본부 참모부장(參謀副

長) 김백일(金白一) 대령과 제6사단장 김종오 대령과의 통화가 이루어졌다.

김백일 참모부장은 전전선(全前線)의 악화된 상황을 설명하고 "전선(前線)의 균형을 유지하기 위해 지금부터 제6사단은 춘천을 포기하고 중앙성(中央線)을 따라 축차적으로 지연전(遲延戰)을 실시할 것"을 육군본부 명령으로 하달했다.

김종오 사단장은 "춘천을 사수하면서 제6사단이 결전할 시기는 이제 지났으며, 병력을 절약하면서 최대의 지연전을 펼치되, 이제부터는 홍천 방어가 매우 중요하다."는 판단을 하게 되었다. 따라서 "제19연대와 제16포병대대를 춘천으로부터 홍천으로 이동"시키고 또 "홍천방어를 위하여 춘천 남쪽에 있는 원창고개에 제7연대가 새로운 지연전 방어진지를 편성하여 적군의 홍천으로의 남진을 지연시켜야 한다."고 제7연대장 임부택 중령에게 명령했다. 또한 이와 동시인 6월 27일 오전 8시 30분경 제19연대장 민병권(閔丙權) 대령과 제16포병대대장 김성 소령에게 다음과 같은 사단 작전명령을 하달했다.

(1) 제19연대는 곧 현 방어진지(소양강 및 북한강 남안선)에서 철수, 남춘천 학곡리 일대에 집결, 사단사령부에서 보내는 군용차량에 승차,

홍천으로 이동하라. 단 2개 소총중대는 제7연대에 배속하고 철수하라.

(2) 제16포병대대는 제2중대(포대)를 제7연대에 배속시키고 홍천으로 즉시 이동하라.

상기 명령에 따라 자체 차량 기동력이 있는 제16포병대대는 제2중대(포대)만을 춘천에 남기고 홍천으로 즉시 출발해 차량 행군에 들어갔다.

춘천시 근화동 소양강 및 북한강 남단에 배치되어 있는 제19연대는 6월 27일 오전 10시경부터 일선에서 이탈하여 다음과 같은 경로를 따라 학곡리로 이동 집결하였다. 시간이 지연된 이유는 전선 이탈의 전술적 고려 및 2개 소총중대의 제7연대로의 배속 문제, 완전한 자체 차량기동력이 없는 문제 등이었다.

그 후 제19연대 제1제대는 6월 27일 오후 4시경에, 제19연대 제2제대는 6월 27일 오후 6시경에 학곡리를 떠나 홍천으로 향했다.

이때부터 제6사단의 춘천시 결전(決戰)이라는 작전 개념이 크게 바뀌었다. 춘천시에서부터 지연전을 펼치되, 병력을 절약하면서 서부전선의 국군방어선과 균형을 유지하고 시간을 번다는 것이었다. 그 후, 어느 시기가 오면 반격에 들어간다는 작전 개념을 가지고 제6사단은 전투하게 되었다.

육군본부 명령에 따라 제6사단장 김종오 대령의 작전 개념이 크게 새로 수정되기 직전인 6월 27일 새벽 4시경, 춘천시 석사동 춘천사범학교 뒷산에서 야간 휴식을 취한 제7연대 제1대대는 군용차량을 타고 춘천사범학교 교정을 출발하여 봉의산록 후평동을 향해 출발했다. 제1대대 제1중대는 사전 구축된 대대방어진인 봉의산 정상에서 동쪽으로 내려오는 능선 중간으로부터 후평동까지의 능선상에 배치됐다. 이어서 제3중대, 제2중대 순으로 후평동 일대에 배치되었다. 이때가 6월 27일 아침 6시경이었다. 병력배치를 끝낸 제1대대는 개인 산병호 및 교통호, 공용화기 진지 등의 보강작업을 신속히 끝내고 진지방어 태세를 갖추었다.

6월 27일 아침 6시경부터 봉의산과 춘천시내에 포격을 해오던 적군은 6월 27일 오전 8시경 우두동 동쪽에 있는 내다리여울(수심 약 1미터, 도섭정면 150~200미터)에서 일시에 중대규모 병력으로 여러 번 도섭을 감행했다. 그러나 국군 제7연대 제1대대의 박격포, 기관총

제1제대	제19연대 제3대대	약사동	학곡리
제2제대	제19연대 제1대대(–제1중대)	석사동	학곡리
	제19연대 제2대대(–제5중대)	석사동	학곡리

제19연대의 이동 경로

사격, 그리고 지원 나온 제2연대 대전차포중대 제2소대(소대장 이훈 중위) 57mm대전차포 2문의 맹렬한 포격을 받았다. 약 2시간 격전 끝에 적군 1개 대대는 결정적 타격을 받고 도섭에 실패해 후퇴했다. 그 후부터 내다리여울 일대에 적군은 다시 나타나지 않고 죽은 듯이 침묵만 흘렀다. 이렇듯 내다리여울 도섭이 완전히 저지되자 적군은 약 2시간 후인 6월 27일 낮 12시, 우선 탱크(자주포인지 불확실)를 소양교에 진입시켰다. 보병 약 2개의 소대가 따르며 신속히 소양교를 건넜다. 이어 적군 대부대가 홍수와 같이 소양교를 건넜다. 이때 소양교 좌우와 그 하류를 따라 소양강 제방에 배치되어 있던 제19연대 제1 및 제5중대, 사단공병중대의 1개 소대, 제7연대의 근무 및 본부 혼성중대 등은 적군포병의 맹포격을 받고 있었다. 적군탱크를 파괴할 수 있는 성능 좋은 무기가 없어 국군은 고전상태에 들어갔으며 압도적 다수의 적군에게 밀리고 있었다. 적군 대병력은 소양로 1가에서 4가까지를 6월 27일 오후 1시경에 점령하였다. 소양로 좌우 100미터~1,000미터 범위 내에 춘천역, 제7연대 막사, 강원도청, 춘천시청 등이 있었다. 적군은 춘천시 중심부를 사실상 점령한 것이다.

봉의산 정상, 제7연대 관측소에 있던 연대장 임부택 중령은 소양교와 그 하류 소양강 제방에 배치되어 있던 국군부대들에게 "각각 사전에 지정된 지연전 축선(軸線)을 따라 적군의 전진을 지연시키는 철수작전을 하면서 원창고개로 집결하라. 그리고 새로운 연대 작전 명령을 받고 방어진지 편성을 하라."는 명령을 내렸다. 그리고 봉의산 연대관측소를 폐쇄했다. 이후 부연대장 최영수 중령이 있는 제7연대지휘소인 춘천사범학교를 경유, 학곡리를 지나서 원창고개에 도착, 6월 27일 오후 6시에 제7연대관측소를 새로 설치하였다.

우두동 내다리여울을 도하(渡河)하려던 적군 1개 대대 병력을 격파하여 도하를 저지시키고 후평동 및 봉의산 동쪽 능선 일부를 방어하고 있던 제7연대 제1대대는 완전히 적군을 제압하고 있었다. 하지만 6월 27일 오후 3시경 제7연대장으로부터 원창고개 동쪽 능선으로 철수하라는 작전명령을 받았다. 이들은 철수를 개시해 춘천사범학교를 경유, 사래울과 점말을 지나 대룡산 줄기의 서쪽 수리봉(473고지) 산림 속에서 6월 27일 밤 9시경에 집결을 완료하고 내리는 비를 맞으면서 밤을 보냈다.

제7연대 제2대대는 6월 27일 오후 8시경 원창고개에 도착하여 방어편성에 들어갔다.

6월 27일 오전에 제7연대대에 배속되었던 제19연대의 제1중대와 제5중대는 이 날 밤, 배속이 해제됐다. 그리고 밤늦게 제6사단 사령부가 원창고개로 보낸 군용차량을 타고 홍천으로 떠나갔다.

이러한 전투상황이 춘천에서 벌어지고 있을때, 가평에 있는 제7

연대 제10중대와 제11중대는 어떠한 상황 속에서 움직이고 있었을까?

6월 27일 새벽 3시, 가평에 왔던 국군 제8연대가 서울로 떠났다. 또한 기갑연대 제3도보수색대대 제8중대도 6월 27일 아침 7시에 가평을 떠나 서울로 향했다. 이때, 제7연대 제10중대와 제11중대는 춘천에 있는 제7연대본부와의 통신이 완전 두절되어 있었으며, 또 탄약보급도 더 이상 기대할 수가 없는 상황이었다. 그래서 이들은 서울로 향한 제8연대와 기갑연대 제3도보수색대대 제8중대를 뒤따라 6월 27일 아침 7시경 가평을 떠났다. 그리고 우선 가평읍 서남쪽 약 4km지점에 있는 삼색리로 향했다. 삼색리에서 잠시 머무르던 제10중대와 제11중대는 6월 27일 오전 10시경 삼색리를 떠나 청평리로 향하였다. 청평리 우체국에 들어간 제11중대장 인성훈(印聖勳) 대위는 춘천, 원주, 서울 등의 우체국을 호출해서 제7연대본부, 제6사단사령부, 육군본부 등과 통화를 시도했으나 모두 불통이어서 통화하는데 실패했다.

6월 27일 낮 12시경, L-9연락기 한 대가 상공에 나타나서 '어느 부대인지 표시하라.'는 강문봉(姜文奉) 대령의 서명이 든 통신통을 투하했다.

수건 등을 지상에 깔아 '제7연대 제3대대'라고 표시했더니 L-9기는 '너의 부대는 고립되었으며, 서울로 들어가지 말고 원대복귀하라.'는 통신통을 또 떨어뜨리고 서울 쪽으로 사라졌다. 통신통에 들어 있는 글 내용으로 보아 서울이 위험한 것 같기는 하나 자세한 내용은 알 길이 없었다. 어쨌든 적군의 추격이 곧 청평읍으로 올 것이 분명했다. 그래서 우선 금곡(金谷)까지 이동하여 추격하는 적군과 이탈한 후, 상황에 따라 제7연대로 원대복귀하는 길을 찾기로 했다. 그러면서 금곡을 향해서 행군을 계속했다. 이때 제7연대 제3대대에 대대장이 없는 이유는 이러했다.

제3대대장 인성관(印聖琯) 소령은 6.25전쟁이 일어나는 날, 육군보병학교 고등군사반에 피교육차 파견되어 있었다. 6.25전쟁 발발과 동시에 육군본부에서는 보병학교 피교육자 전원에게 속히 원대복귀하라는 명령을 내렸다. 피교육장교 대부분은 그날 신속히 원대복귀하였으나, 인성관 소령은 이틀 후인 6월 27일 아침 6시경에 원대복귀했다. 제7연대장에게 원대복귀신고를 하자 연대장으로부터 "속히 가평으로 가서 제3대대를 지휘하라."는 명령을 받았다. 그는 석사동에 있는 연대지휘소에서 제3대대 S-1과 S-2를 겸직하고 있는 송인규(宋寅圭) 중위를 만나 제9중대 1개 분대를 경호 병력으로 군용차량에 탄약을 싣고 송인규 중위와 함께 춘천을 떠나 가평을 향했다.

인성관 소령은 홍천-양덕원-용문-양평을 거쳐 6월 27일 오후 4시

30분경 금곡(金谷)에 도착하여 제7연대 제10중대와 제11중대를 만났다. 중대장의 야반도주로 사기가 땅에 떨어졌던 중대 및 기타 제3대대의 전 장병들은 대대장을 맞이하면서 사기가 급격히 올라갔다. 그러나 인성관 소령은 이를 외면했다.

그는 대대를 직접 지휘하여 급히 제7연대에 합류하여 적군과 싸워야 할 기본 임무를 수행하지 않았다. 그리고 2개 중대 지휘관들에게 원주로 가라고 지시한 후, 그 자신은 육군본부에 가서 전황을 확인하겠다고 하였다. 그는 송인규 중위와 제7연대 제9중대 1개분대의 병력을 이끌고 군용차량을 타고 6월 27일 오후 7시경, 육군본부에 도착했다. 그러나 거기서 묘책이 있을 리 없었다. 그는 즉시 원대로 돌아가야 했는데 그러지 않고, 서울시 을지로 부근에서 잠을 잤다. 그러다 6월 28일 새벽 한강교가 폭파됐다. 서울 시내를 배회하던 인 소령은 적군 기관총사격을 받아 경상을 입었고 송인규 중위는 우측 다리에 관통상을 입고 흩어졌다. 송 중위는 서울 친척집에서 상처를 치료받은 후, 지하실에 숨어 있다가 1950년 9월 28일 서울 수복 직후 원대복귀했다. 인 소령도 국군 반격으로 전세가 호전되자 역시 군으로 복귀했다.

제7연대의 제10중대와 제11중대는 제11중대장 인성훈 대위의 통합 지휘하에 6월 30일 오후 늦게 횡성(橫城)에서 제7연대에 복귀하여 완전 합류했다. 이때 제7연대작전주임 이남호(李南浩) 소령이 제3대대장으로 취임하고 제10중대장도 새로 임명되어, 이때부터 제7연대 제3대대는 본연의 모습으로 되돌아가서 훌륭하게 전투임무를 수행할 수 있게 되었다. 그리고 제7연대 작전주임에는 조윤재(趙允宰) 대위가 취임하였다.

한편 춘천지구에서는 다음과 같은 전투상황이 이어지고 있었다.

밤새 지루하게 내리던 비가 6월 28일 새벽 4시경에 멎었다. 하늘을 뒤덮었던 구름도 걷히고 날씨가 맑아졌다. 6월 28일 제7연대 제1대대는 수리봉-원창고개-금병산(652고지)을 연결하는 능선을 따라 서쪽에 있는 금병산을 향하여 이동을 개시했다. 원창고개 일대에는 이미 제7연대 제2대대가 배치되어 방어진지를 점령하고 있었다.

적군의 주접근로(主接近路)인 원창고개에 배치되어 있는 국군 제7연대 제2대대 방어진지를 향해 적군 제12사단 제31연대는 6월 28일 오전 6시경부터 포격을 시작했다. 이때, 국군 제7연대 제2대대 수색조(搜索組)들은 방어진지 전방 깊숙이 학곡리까지 나가 있었다. 이 수색조들과 적군보병들과의 사격전은 이때부터 시작되고 있었다.

6월 28일 오전 10시경, 적군 제12사단 제31연대는 학곡리의 점말-신학곡선에서 전면적인 공격을 개시해왔다. 제7연대 제2대대는 적군의 공격을 약 2시간 잘 방어했다. 그러나 병력과 화력의 결정적 열세로 인하여 중과부적으로 고전했으며, 6월 28일 낮 12시경 모래재로 철수하라는 제7연대 부연대장 최영수 중령의 명령을 받고 모래재로 철수했다. 이때 연대장 임부택 중령은 사단장 김종오 대령의 지시에 의하여 사단작전회의에 참석차 사단전방지휘소가 있는 홍천으로 갔던 상황이었다. 그래서 제7연대 현지 작전지휘는 최영수 부연대장이 대행하고 있었다.

제7연대 제2대대의 좌단(左端)에 연결되어 금병산능선 일대에 배치되어 방어진지를 편성하는 제7연대 제1대대는 6월 28일 오전 8시경 배치를 끝내고 산병호 및 공용화기진지 구축작업에 들어갔다. 6월 28일 오전 10시경, 적군 약 1개 중대는 금병산 중앙으로, 그리고 그 좌측과 우측에는 각각 1개 소대 규모의 적군의 공격해 왔다. 그러나 제1대대는 약 2시간의 교전 끝에 적군을 모두 물리치고 방어진지를 고수했다.

이러한 상황 속에서 국군 제7연대 제2대대 동쪽 능선에 배치되어, 대룡산 방면으로부터 진격해오는 적군으로부터 제7연대 제2대대의 우측방을 엄호하고 있던 제7연대 근무중대와 본부중대의 혼성중대와 제7연대수색대는 부연대장 최영수 중령으로부터, "모래재로 철수하라."는 명령을 받았다. 이들은 제2대대의 후미(後尾)를 따라 6월 28일 오후 1시 30분경 원창고개 남쪽을 경유, 모래재로 출발했다.

금병산 능선 방어진지에서, 제2대대의 원창고개 철수를 박격포와 기관총장거리사격으로 엄호한 제7연대 제1대대장에게 부연대장 최영수 중령이 써보낸 서면철수명령이 6월 28일 오후 3시경 왔다. "제1대대는 즉시 금병산을 철수하여 모래재(砂峴)로 이동하라."는 내용이었다.

제1대대는 명령대로 즉시 행동개시하여 금병산을 떠나 모래재로 향했다.

이리하여 1950년 6월 25일 오전 4시부터 시작되어 6월 28일 오후 3시까지 이어진 춘천지구 전투는 3일 11시간 만에 막을 내렸다.

널리 알려져 있듯 북조선 공산군의 작전개념은 다음과 같았다. 북조선 공산군 제1군단은 대략 6월 28일에 서울을 점령하여 서울방어에 투입되어 집중되어 있는 대한민국 국군을 격파하여 무력화(無力化)시키고, 북조선 공산군 제2군단은 6월 25일 점심때 춘천을 점령하고 가평-청평을 거쳐 노도와 같이 여주, 이천으로 쇄도한다.

그리고 홍천, 양덕원을 거쳐 여주, 이천으로 진격한 북조선 공산군 제2군단 예하의 다른 부대와 합류하여, 여주-이천-용인-수원을 연결해서 제2군단 전병력이 그물망 배치를 하고, 기다리다가 서울 방면에서 패주해 내려오는 국군패잔병들을 모조리 섬멸시켜 빠르면 남침 2주일 만에 전쟁을 끝내고 남북적화통일을 달성한다는 것이었다. 아무리 늦어도 2개월 내에는 반드시 한반도 적화통일을 달성하는 것이 그들의 목표였다.

이러한 작전개념은 옛날부터 전수돼 내려오는 소위 '딱따구리 전법'이다. 딱따구리는 큰 아름드리나무에서 벌레구멍을 발견하면, 그 나무 벌레구멍 반대편에서 날카로운 단단한 부리로 나무를 딱딱 쪼면서 구멍을 판다. 그러면 나무 속 벌레는 급히 놀라면서 딱따구리가 딱딱 쪼고 있는 반대 방향으로 굴을 통해 황급히 밖으로 도망 나온다. 그때 딱따구리는 나무 뒤로 살며시 돌아 벌레를 냉큼 집어 삼킨다. 이 전법이 북조선 공산군의 남침초기 작전개념이었다.

적군의 이 작전개념은 춘천에서 제2군단이 3일간이나 지체하며 허덕거리는 바람에 완전히 실패하고 말았다. 서울을 6월 28일에 점령한 적군 제1군단은, 적군 제2군단이 여주-이천-용인-수원선으로 진출하여 포위망을 형성하기를 기다리면서 서울에서 3일간 머문 것이다. 이렇게 적군 제1군단이 더 이상의 공격전진을 중지하고 머무는 3일간은 대한민국 국군이 한강 이남에서 국군패잔병들을 수습하고 또 시흥에 있는 육군보병학교 장병들과 효과적인 재편성을 하는데 아주 긴요한 황금 같은 시간을 제공해 주었다. 중국에서 군관학교를 졸업하고 제2차 세계대전 때 중국에서 많은 전투경험을 쌓은 국군 김홍일(金弘一) 장군 지휘하에 국군패잔병들은 재편성을 하고 한강방어선을 형성했다. 6월 29일 미군극동군사령관 맥아더 원수가 공군기로 동경을 출발하여 수원에 착륙하여 한강방어선을 돌아보고 동경으로 되돌아갔다.

미국은 밑 빠진 독에는 물을 붓지 않는다. 남베트남이 패망할 때 미국은 남베트남과 맺고 있던 상호방위조약을 냉정하게 저버리고, 강 건너 불 보듯 수수방관한 것이 이를 실증(實證)해 준다.

맥아더 원수가 동경에 돌아간 하루 후인 6월 30일 미 육군에게 한국전 참전출동명령이 내려졌다. 미 해군과 미 공군에게는 미 지상군에 앞서 6월 27일 출동명령이 이미 내려져 있었다. 그리고 7월 3일에는 미 해병대에게 출동명령이 내려졌다.

미국 고문단 계통을 통해, 당시 국군 제7연대의 춘천에서의 용전분투는 미국 측에는 이미 알려졌고, 맥아더 원수를 위시한 미군 지휘관들은 이를 높이 평가하고 있었다.

7부

유엔군의 투입으로 북괴의 야욕을 막아내다

이리하여 6.25전쟁에 미군이 투입됨으로써, 그리고 이어서 유엔군으로 여러 나라 군대가 추가 투입됨으로서 멸망(滅亡)의 벼랑 끝에서 있던 대한민국이 이 지구상에서 사라지지 않고, 한반도의 적화통일을 막아내는 첫 단추가 제대로 끼워진 것이다. 이것이 춘천지구 전투의 귀중한 구국(救國)의 가치다.

춘천지구 전투 이후, 국군의 서부전선 후퇴선과 균형을 유지하기 위해서 육군본부는 중부전선의 제6사단에게 계속 지연전 후퇴명령을 내려, 제6사단은 도중에서 가끔 적군에게 타격을 주면서 육군본부명령에 따라 1950년 7월 4일에 충주(忠州)읍에 와 있었다.

7월 4일 밤 10시, 제7연대 제2대대는 충주를 떠나 장호원-충주가도를 서북상하여 "적군과 조우하면 이를 저지시켜라."는 임무를 띠고 이동을 개시했다. 그러나 7월 5일 새벽 5시경, 제7연대 제2대대는 진천(鎭川)으로 가서 국군 제6사단 제19연대의 철수를 엄호하라는 새로운 작전명령을 받았다. 제2대대가 진천으로 가던 중 증평에서 아침식사를 하고 오전 10시경 다시 진천을 향해 이동하려고 할 때 "진천은 이미 적군에게 실함되었으니 음성으로 돌아가라. 제1대대가 음성-장호원가도를 따라 소여리(所餘里)에서 적군을 격파하고 북진 중이니, 제2대대는 음성으로 가서 그곳에서 부용산 쪽으로 산능선을 따라 북으로 이동하면서 제1대대의 우측방을 엄호하라."는 작전명령을 받았다. 그래서 제2대대는 적군과는 정면충돌 없이 제1대대 우측방 엄호임무에 들어갔다.

충주에 있던 제7연대 제1대대는 7월 5일 새벽 음성으로 이동, 해뜰무렵, 음성-장호원 가도를 따라 음성을 출발, 북진하다가 오전 8시경, 소여리에서 남진하던 적군 제15사단 제49연대 1개 대대의 선두인 첨병소대와 조우했다. 제1대대는 이를 격파하고 계속 북진하여 기름고개, 보현산 일대에서 적군 1개 대대를 격파한 후, 패주하는 적군을 추격하면서 7월 6일 낮 12시에는 무극리(無極里)를 점령했다. 이후 오후 2시에는 무극리 북방 2km지점까지 진출하여, 적군 제15사단 제49연대 전 병력과 치열한 전투를 전개하였다. 국군 제7연대 제1대대는 음성에서 하루 만에 무극리 북방까지 적군을 격파, 추격하면서 약 12km를 북진한 것이다.

그 당시 사기가 하늘을 찌르면서 노도와 같이 승승장구하며 남하하던 북조선 공산군을 저지시키고 오히려 격파, 추격을 감행하여 하루에 12km나 북진한 성과는 제7연대 제1대대를 빼놓고는 국군 전체에 걸쳐 상상도 할 수 없는 꿈같은 일이었다.

지난 6월 26일 춘천시 북방에 있는 옥산포에서 적군 제2사단 제6연대 2개 대대를 기습공격하여 북쪽으로 약 2~3km 달아나게 했던 국군 대대가 바로 대대장 김용배 소령이 지휘하는 제7연대 제1대대였다. 이 제7연대 제1대대가 7월 5일과 7월 6일 또 기적 같은 북진 30리 기록을 남기게 된 것이다. 그리고 7월 6일 오후 1시경 제7연대 제2대대는 제1대대의 우측방 엄호임무에서 해제되어, 부용산을 거쳐 음성 약 7km 북방에 있는 동락리 남동쪽 일대로 이동하여 방어 배치를 끝냈다. 그러자 아주 뜻밖에도 적군 제48연대본부와 그 예하부대 일부가 76mm곡사포 8문, 122mm박격포 6문, 사이드카 20대, 장갑차 10대, 군용트럭 40대 등을 가지고 동락국민학교 교정 일대에 집결해 왔다. 국군 제7연대 제2대대는 대대장 김종수(金鍾洙) 소령 지휘하에 적군에게 시간적 여유를 주지 않고 일제히 동락국민학교에 집결한 적군부대 기습공격을 감행하였다. 이리하여 적군의 곡사포를 위시한 중요 장비들을 모조리 노획하는 큰 전과를 올렸다.

이승만 대통령은 음성지구 전투에서 크게 승리한 제7연대 장병에게 1계급 특진의 영예를 부여했다. 그러나 그때 신생 대한민국에는 태극, 을지, 충무, 화랑 등의 훈장제도는 없어서 전공훈장은 수여할 수가 없었다. 일선 장병들은 훈장 받을 생각은 티끌만큼도 없이 오직 이 나라를 위해 기꺼이 이 한 목숨 깨끗이 바치겠다는 일념뿐이었다.

8부

낙동강교두보 사수전투 시 이 나라 장병들의 정신전력(精神戰力)의 실상

후방지역에서 수많은 청년들을 징집하여 1주 내지 2주간의 초단기 군사교육을, 주로 소총사격, 기관총사격, 박격포사격을 교육시키고 긴급히 이 신병들을 일선 보병사단들에게 보충해주기 시작한 것이 7월 하순부터이다. 이때부터 신병들을 끊임없이 충분히 일선사단에게 보충해 주었다. 이때 보충해주는 신병들은 징집된 청년들뿐 아니라 16~19세의 중·고등학교 학생들이 중심이 된 학도호국 지원병들도 많았다. 신병들 중 절대다수(97~98%로 추산)가 풍전등화의 위기에 선, 신생 자유 대한민국을 위해 기꺼이 목숨 바쳐 나라를 지켜내고 부모, 형제들과 후손들이 자유를 누리며 무한한 경제번영을 누리게 하기 위해서, 즉 한반도가 공산 독재 지옥화되는 것을 막아내기 위하여 불타는 애국정열을 가지고 용약출동하고 있었다.

사실 6.25전쟁 초기 3개월간은 일선장병들의 목숨이 하루살이같이 짧아 목숨이 언제, 어디서 날아갈지 모르는 극한 상황이 계속되고 있을 때였다. 그때 일선에서 전투하는 절대다수(100%에 가까운)의 소대장, 중대장, 대대장들은 사느냐를 생각하지 않고 언제 어디서 내 목숨이 끊어지면 자유대한민국을 지킬 수 있을지 필사(必死)의 정신으로 전투에 임하고 있었다. 이렇게 소대장, 중대장, 대대장들이 죽음을 각오하고 고지(高地)를 지키면, 사병들은 결사(決死)의 정신으로 이에 따랐다.

후방에서 전방으로 보충되는 인력은 신병뿐이 아니었다. 일선에서 적탄에 전상(戰傷)을 입고 후송되어 부산이나 마산에 있는 육군병원에서 치료를 받고 있던 장병들도 상처가 채 완치되기 전에 군의관들의 만류에도 불구하고 이를 뿌리치고 붕대를 상처에 감은 채 병원을 뛰쳐나왔다. 그리고 낙동강교두보 전선 부대들이 부식구매 차 부산시장으로 보낸 군용차량에 편승하여 낙동강전선에서 전투하고 있는 자기의 원 소속연대를 찾아갔다. 이런 장병들이 수도 없이 많이 있었다. 그들은 원대복귀하여 다시 전투하다가 또 부상당하기도 하고 전사하기도 했고, 또 기적같이 살아남아서 전투를 계속 하기도 했다. 그 실상을 알아보기 위해서 어느 일선 보병 중대장들의 실례(實例)를 들어보면 다음과 같다. 6.25전쟁 초기 1개월 반(半) 사이에 국군 제7연대 제1대대는 제1중대장 이대용 대위, 제3중대장 김명익(金明益) 대위, 제4중대장 김홍섭(金弘燮) 대위가 모두 적탄에 중상을 입고 육군병원으로 후송이 되었다. 그 후, 이대용 대위와 김명익 대위는 전상부위가 완치되기도 전에 붕대를 상처부위에 감고 최전선에서 전투하고 있는 제7연대에 원대 복귀하여 다시 제1중대장으로,

제3중대장으로 전투를 계속했다.

김홍섭 대위는 장(腸)을 많이 잘라내는 큰 수술을 받아 회복이 늦어졌으나, 역시 제7연대에 복귀했다. 그 후 일선전투에서 또 적탄을 맞고 전사했다. 그 당시 국군 일선장병들의 100% 가까운 절대다수의 호국정신들이 모두 그러했다.

한편 북조선의 독재자 김일성은 미 육군 제24사단이 지키던 대선(大田)을 7월 20일 빼앗고 그 후 사단장이 적군에게 포로로 잡히는 무렵인 7월 21일 충청북도 수안보에 와서 북조선 공산군 제2군단장 김무정(金武亭) 중장에게 "부산으로 내려가는 침공속도가 왜 이렇게도 늦느냐."고 노기를 띠고 큰소리로 꾸짖고, "침공속도를 더 빨리하여 8월 15일까지는 반드시 부산(釜山)을 점령해야 한다."고 호통을 치고 돌아갔다는 사실이 그 후, 뒤늦게 알려졌다.

국군 제6사단은 7월 19일부터 경상북도 은성(恩城), 유곡(幽谷), 점촌(店村) 일대의 방어선에서 7월 31일까지 적군과 치열한 공방전을 벌였다. 특히 제6사단 제7연대는 옥녀봉(玉女峰) 일대에서 3차에 걸친 격전을 치르면서 일진일퇴의 선전(善戰)을 했다. 그리고 7월 31일 상부명령에 의해서 이 선에서 약간 후퇴하여 6.25전쟁 개전 이래 처음으로 학도병을 포함한 신병들을 보충받아 엄청나게 확 줄어 있는 소수의 일보(日報)상의 병력을 정상적인 편제상의 병력으로 완전하게 끌어올렸다. 그 후부터는 거의 매일같이 신병을 충분히 보충받았다. 각 사단은 경상도 일대에서 여러 차례 수적으로 전멸(全滅)에 가까운 전사자와 전상자를 내면서도, 물 붓듯이 몰려오는 신병들로 이 엄청난 전투손실을 메꿔 나갈 수가 있었다.

국군은 개전당시 모두 8개 보병사단을 가지고 있었으나, 6.25전쟁 초기에 북조선 공산군에 의해 아주 궤멸적, 치명적인 전투손실을 입었다. 후방의 제2, 제5, 제7사단의 3개 사단은 미국 본토로부터의 장비수송에 시간이 걸릴 뿐 아니라 사단사령부 및 각 연대, 각 대대들의 기간요원 재확보 충원 등 여러 가지 문제들이 겹치고 겹쳐서 재편성이 늦어졌다. 그래서 9월 15일까지는 전선에 다시 투입되지 못하고 있는 실정이었다. 그래서 낙동강교두보에 배치되어 끝까지 전투한 국군사단들은 제1사단, 제3사단, 제6사단, 제8사단, 수도사단의 5개 국군사단이었다.

한반도에 투입된 유엔군은 미8군 사령관 워커 중장의 이름을 따라, 8월 3일 워커라인(마산-왜관-포항을 연결하는 방위선)을 구축하기에 이르렀다.

이 워커라인을 따라 왜관부터 수심이 깊은 낙동강을 따라 미군 4개사단이 북으로부터 남으로, 미 육군 제1기병사단, 미 육군 제7보병사단, 미 육군 제24보병사단, 미 육군 제25보병사단이 배치됐다.

국군은 왜관 동쪽에서 미군과 연결하여 제1사단, 제6사단, 제8사단, 수도사단, 제3사단 순으로 서쪽에서 동쪽으로 워커라인을 따라 배치되어 적군과 공방전을 벌였다.

그때 미군사단은 한국국군사단에 비해 화력이 5배 내지 6배가 되는 강력한 포병화력과 탱크를 충분히 가지고 있었고 또 미 공군의 공중지원도 집중적으로 받고 있었다. 그러나 대한민국 국군사단들은 탱크가 한 대도 없고 미 공군지원도 아주 드물게 받고 있어, 오직 장병들의 필사적 정신전력(必死的 精神戰力)에 크게 의존하면서 전투하고 있었다.

일선에서 적군과 대결해서 싸우는 부대의 전투전력 구성의 3대 요소는 병력(兵力), 화력(火力), 그리고 정신력(精神力)이다.

미군 장병들도 강한 정신력을 가지고 있기는 하였으나 전투력의 많은 부분을 막강한 화력에 의존하고 있었다. 그러나 화력이 보잘것 없는 대한민국 국군은 열세한 화력을 정신력으로 보완할 수밖에 없는 처지에 놓여 있었다. 그래서 국군장병들은 호국의 정열에 불타는 옥쇄(玉碎)정신으로 용감하게 싸웠다. 워커라인이 뚫리면 부산이 적군수중에 들어간다. 그러면 자유대한민국은 이 지구상에서 사라진다. 유엔군이라 할지라도 밑 빠진 독에는 물을 계속 부을 수가 없다. 그래서 국군장병들은 낙동강 전선에서 죽음으로써 나라를 반드시 지켜내야 했다.

이 눈물겨운 정신으로 국군사단 장병들은 피 흘려 다부동에서, 신령에서, 영천에서, 안강-기계에서, 포항에서 각 사단들이 전멸적(全滅的) 손실을 여러 번이나 반복하면서 용감무쌍히 싸웠다. 이리하여 대한민국은 오늘날까지 생존해왔으며 자유민주주의의 나라, 눈부신 경제성장을 이룩한 나라로 세계 많은 나라들이 선망의 대상으로 우러러보게 된 것이다. 그리고 살기 좋은 나라로 이름이 나서 수많은 외국인들이 찾아와 살고 있다.

9부

옥쇄의 각오로 막아낸 낙동강 최후저지선

국군 각 사단 일선장병의 98% 정도 절대다수가 낙동강교두보전선의 극한적인 위기 속에서 나라를 위해 용전분투를 하고 있을 때의 실상(實相)의 한 예를 들어보면 다음과 같다.

제5육군병원에서 전상(戰傷)치료를 받고 있던 나는 병원을 뛰쳐나와 원대복귀를 하기 위해 제6사단 군용트럭에 편승했다. 낙동강 전선에서 부산시장으로 부식을 구매하기 위해 내려온 차였다. 그렇게 신녕(新寧)에 있는 제6사단사령부에 도착한 것이 1950년 8월 26일 저녁때였다.

저녁식사를 끝내고 다음 날인 8월 27일 제7연대 제1대대로 가기 위해서 잠시 쉬고 있을 때였다. 밤 9시경 갑자기 포탄이 막사 부근에 떨어졌다. 폭발하는 소리가 크게 들려왔다. 이어서 약 50발의 적군 중박격포탄이 제6사단 사령부막사 및 인근지대에 떨어졌다.

적군은 이날 제6사단 제19연대 방어선을 뚫고 국군의 종심배치가 되어있지 않은 지역을 지나 무인공처(無人空處)였던 화산산성(華山山城)남단의 828고지를 재빠르게 무혈점령했던 터였다. 그리고 더 전진하여 용암산을 지나 신녕에 있는 국군 제6사단사령부에 기습적으로 82mm 박격포탄을 퍼부었다.

전혀 예상치 못했던 적군 박격포탄 포격을 받은 국군 제6사단장 김종오 준장은 이 적군의 돌파구를 막아낼 예비대를 가지고 있지 못했다.

역전의 경험이 풍부한 김종오 준장은 우선 제7연대장 임부택 대령에게 긴급명령을 내려, 즉시 그 예하에 있는 제7연대 제1대대를 제7연대장 작전지휘로부터 해제시켰다. 그리고 시급히 제6사단장에게 보냈다. 사단장이 직접 지휘하여 뻥 뚫린 워커라인 방어선을 다시 회복시키는 작전을 감행하는 긴급조치였다.

1950년 8월 27일 일출 직후, 작전계통상 제6사단 직속부대가 된 제7연대 제1대대는 사단장 명령에 따라 용암산의 적군에 대해, 서남방으로부터 공격을 개시하였다. 치열한 공방전 끝에 제1대대는 그 날 오후 7시경, 용암산 및 그 북방의 무명고지를 점령하고 적군을 화산산성 쪽으로 후퇴시키는 데 성공했다.

가는 날이 장날이라고 바로 이때 육군병원에서 다시 전선으로 나온 나는 제1대대 제1중대장으로 원대복귀했다. 제1대대장 김용배 중령은 마음 든든해하면서 나를 맞아주었으며, 그때까지 살아남아 있던 제1중대 고병(古兵)들은 너무도 좋아했다.

내가 제7연대 제1대대 제1중대장에 복귀한 다음 날인 1950년 8월

28일 아침부터 제1대대는 화산(華山)(828고지)적진지를 향하여 공격을 시작했으며 치열한 공방전을 하루 종일 벌였다. 그 끝에 오후 7시경, 제3중대는 828고지 동쪽 약 2km 지점에 있는 무명고지를 점령했다. 그러나 지역이 평평하고 너무 넓어서 적군을 완전히 몰아내지 못하고 9월 2일까지 발이 묶여 지루하게 투닥거리고 있었다.

한편, 제1중대는 828고지 서북방에 있는 무명고지를 오후 8시경에 점령하고 북쪽에 있는 적군에 대하여 계속 전진공격을 할 준비를 하고 있었다.

화산산성 북단능선에 배치되어 있는 적군진지에 대한 공격을 제7연대 제1대대가 개시한 것은 8월 30일 오전 10시였다. 제1중대를 좌(左)로, 제2중대를 우(右)로 하여, 맹렬한 105M2곡사포(최대사거리 1만 2,000m)의 사격지원을 받으며 적진에 공격해 들어갔다. 그러나 적군도 결사적이었다. 적군은 화산산성에서 대한민국 국군을 다시 격파하고 뚫린 워커라인에서의 전과확대(戰果擴大)를 통해 부산으로 쇄도할 작전계획을 성공시키기 위해서 여기서 물러설 수 없다는 투지를 가지고 있는 것이 확실해 보였다.

치열한 공방전이 계속되었으나, 국군 제7연대 제1대대의 주간의 정면공격은 지형상 병력손실만 클 뿐, 성공하기가 매우 어려운 상황이 계속되고 있었다. 여기서 제1중대장인 나는, 중대연락병을 제1대대장에게 보내서 "주간공격은 불리하니, 오늘 밤 야간공격이 상책"이라는 메시지를 종이에 써서 건의했다. 대대장 김용배 중령은 나의 건의를 받아들여 제1중대와 제2중대를 대대관측소 부근으로 철수시켰다. 그날 저녁식사를 끝내고 제1중대를 적군이 예기치 못한 동쪽으로 이동시켰다. 그리고 칠흑같이 어두운 밤에 중대장이 제일 앞에 서고 역전의 경력이 많은 고병(古兵) 3명을 앞세워 약 50m 앞까지 조용히 기어가서 적정(敵情)을 살피고 돌아왔다. 그동안 2열종대의 중대원들은 숨을 죽여 가만히 엎드려 있다가 정찰조 사병들이 돌아와서 적군이 없다고 하면 또 살살 허리 굽히고 죽은 듯 소리 없이 걸어가서 약 50m를 전진하는 것을 거듭했다. 그렇게 적진 깊숙이 들어갔다. 이러다 보니 전진속도는 아주 느렸다. 제1중대가 8부능선까지 침투해 들어간 것이 자정(子正) 무렵이었다. 정찰병을 앞에 내보내면 중대장인 나는 그 뒤에 서 무릎쏴자세로 왼발을 앞에 내세우고 오른무릎을 굽혀 땅에 대고 칼빈 소총은 왼손에 쥔 채 개머리탄을 지상에 세워 쥐고 앞에 나간 정찰조 사병들이 돌아오기를 기다리고 있었다. 뒤에 있는 중대원들은 모두 숨을 죽이며 엎드려 있었다. 그런데 갑자기 총소리 한 발이 내 뒤에서 '꽝' 하고 나면서 붉은 예광소총탄이 내 왼쪽 귓전을 스치며 전방으로 유성(流星)과 같이 날아갔다. 내가 '도대체 누가 쏜 총탄인가?' 하며 긴장을 하는 순간, 학도병

출신인 중대연락병이 "중대장님, 한 명 죽였습니다." 하고 나직한 목소리로 보고하며 적군 사병이 메고 있던 소련제 소총을 하나 들고 왔다. 꾸벅꾸벅 졸고 있던 적군병사가 국군침투의 기미를 약간 느끼고 일어나서 "김 동무, 김 동무." 하고 부르기에 급히 총을 쏴서 사살했다는 것이다. 제1중대는 이미 적군경계병이 배치된 진지 후방에 들어와 있었다. 제1중대 연락병이 쏜 실탄은 붉은 예광탄이었으며 뒤에서 바로 내 왼쪽 귓전을 스치며 지나간 것이다. 하마터면 나는 뒤에서 적군사병의 몸을 뚫고 날아오는 그 총탄에 맞는 불행을 겪을 뻔했다. 전쟁터에서 삶과 죽음은 이렇게 갈린다.

이 한 발의 총탄소리에 고요한 깊은 밤에 졸고 있던, 또는 자고 있던 적군은 모두 갑자기 눈을 떴을 것이다. 시간적 여유를 주면 적군이 완벽한 방어태세를 굳힐 것이다. 제7연대 제1중대는 준비가 소홀한 적군을 단숨에 쓸어버려야 했다. 적군의 병력은 국군 제7연대 제1중대의 몇 배가 된다. 제1중대의 번개 같은 기습공격만이 승리의 길이었다. 중대장인 나는 일어서면서 큰 소리로 "공격개시! 돌격개시! 돌격개시!" 하면서 M2칼빈자동소총탄을 적군에게 퍼부으면서 돌격해 들어갔다. 제1중대의 기습돌격대형은 이미 사전에 약정되어 있었다. 제일 우측이 제1소대, 중간이 제2소대, 제일 좌측이 제3소대였으며, 중대장은 중대돌격대형 중앙에 위치하게 되어 있었다. 이 대형으로 제1중대는 전원이 일제히 전속력으로 쳐들어갔다. 별안간 난데없이 천지를 진동시키며 왈칵 나타난 제1중대의 벼락같은 기습돌격에 적군 1개 대대는 어쩔 줄 모르고 분산되면서 황급히 북으로 달아났다. 주간에는 그토록 완강하게 저항하던 적군이지만 야간기습을 받고 그렇게 허무하게 무너진 것이다.

화산산성 북단고지대는 그 폭이 넓어서 1개 중대만 가지고는 정밀 방어가 불가능하다. 그래서 9월 1일 10시경 대대 예비대로 있던 제2중대가 전방으로 나와서 우일선(右一線)에 배치되고 제1중대는 좌일선(左一線)만 담당하는 배치변경을 하였다.

이윽고 그날 오후 3시경, 화산산성 북단 고지대에 배치되어 있던 국군 제7연대 제1중대 및 제2중대 진지에 북조선 공산군 1개 대대가 맹공을 가해왔다. 이날 국군 제7연대 제1중대는 끝까지 적군을 물리치고 방어진지를 사수했으나 제2중대는 전투를 별로 하지 않고, 와르르 무너져 뿔뿔이 후방으로 도주해 버렸다. 그 당시 제2중대의 전투력이 갑자기 와해된 이유는 이러했다. 제7연대 제1대대장 김용배 중령은 천재적인 타고난 우수한 군사지식을 가지고 있으며 성실하고 용감하고 포용력이 뛰어난 명(名)지휘관이었다. 포용력이 훌륭한 대대장 휘하에 있는 장병들은 "용장 밑에 약졸 없다."는 말과 같이 모두 용감하게 잘 싸웠다. 그러나 겁이 많은 제2중대장 O 대위만은 그렇지가 못했다. O 대위는 전술적 지식도 있고 평상시에는 중대원교육훈련을 잘 시키는 등 모든 일에 열심이었다. 그래서 6.25 전쟁이 일어나기 전까지는 제7연대에서 가장 유능한 중대장으로 손꼽히며 대대장과 연대장의 두터운 신임을 받고 있었다. 그러나 전쟁이 일어나서 적군과 전투를 하게 되자, 그는 항상 꽁무니를 빼며 후퇴를 일삼았다.

김용배 대대장은 O 대위의 담력을 길러주고 전투에 쓸 수 있는 지휘관으로 키워보려고 애를 썼다. 그런 노력이 꽤 성과를 거두기는 했으나, 타고난 겁 많은 천성을 완전히 바꿔놓지는 못했다. 1950년 8월 30일, 화산산성지구 전투가 치열해지자 O 대위는 "바위에서 넘어져서 가슴을 다쳐 아프다."는 핑계를 중대연락병에게 거짓으로 말하고 야반도주를 해서 후방으로 홀로 달아나 버렸다. 이는 지난 6월 26일 밤 가평에서 전투 중, 아무도 모르게 군용 트럭에 군용식량인 쌀가마를 가득 싣고 자기 부인과 함께 부산으로 야반도주한 H 대위에 이은, 전투 중 제7연대에서 두 번째로 일어난 장교의 전선이탈이었다. 그리고 적군과 격전 중은 아니었으나, 6월 27일 제7연대 제3대대를 무단이탈한 대대장 I 소령까지 합치면, 무단이탈해 후방으로 도망친 제7연대장교는 모두 3명이었다.

6.25전쟁 발발 시 제7연대에는 장교가 모두 105명 있었는데 6.25

전쟁 초기 3개월 동안 위의 3명이 불명예스럽게도 이탈한 것이다. 나머지 102명의 제7연대장교들은 모두 용감히 전투했다. 그중에도 상당수의 장교들이 국민 모두가 우러러볼 수 있는 호국혼(護國魂)을 최대로 발휘하면서 영웅적 전투지휘를 하였다. 인생만사(人生萬事) 100%의 완벽성은 없다. 105명 중 3명이라면 무시할 만한 숫자다. 절대다수인 제7연대 장교 102명은 모두 성실하고 용감하게 조국에 충성한 것이다.

이러한 상황하에서 9월 1일, 제7연대 제2중대는 중대장은 달아나고 다른 장교들은 전사 또는 부상을 입고 없어지는 바람에 장교가 한 명도 없었다. 그러다 "중대장이 달아났다."는 이야기가 확 돌면서 전투에서 큰 패배의 비극을 겪게 된 것이었다. 그러나 신녕의 화산산성 전투가 끝나고 좀 있다가 육사 제8기생인 박인권(朴仁權) 중위가 제2중대장에 새로 부임했다. 그 후 제2중대는 다시 일어서서 막강한 전투력을 회복, 유지하면서 우수한 전투중대로 되돌아왔다. 이렇듯 일선 중대장의 자질 여부가 그 중대의 전투력에 막중한 영향을 미친다.

1950년 9월 1일 오후, 국군 제7연대 제2중대가 방어하고 있던 화산산성북단의 동쪽 부분은 북조선 공산군 부대가 점령했고 그 서쪽 부분은 국군 제7연대 제1중대가 점령하고 있는 기현상 속에서 투닥거리는 가운데 밤이 가고 날이 밝았다.

날이 밝고 좀 있다가 오전 8시가 됐다. 제7연대 제1중대는 서쪽으로부터 동쪽의 적군을 향하여 공격을 개시, 약 3시간의 격전 끝에 제7연대 제2중대가 어제 포기한 진지를 재탈환하는 데 성공했다. 제7연대 제1대대관측소 부근에서 재편성을 끝낸 제2중대는 김칠만(金七晩) 상사 지휘하에 어제 도주하기 전에 점령했던 화산산성 북단의 동쪽 부분진지에 9월 2일 오후 12시 30분경 또 배치되었다. 그런데 곧 이어서 9월 2일 오후 2시 30분경에 적군은 또 국군 제7연대 제1중대방어진지와 제2중대 방어진지에 대한 공격을 가해왔다. 약 1시간 후인 오후 3시 30분경, 제2중대는 또 모래성같이 와르르 무너지면서 분산되어 후방으로 도주해버렸다. 제1중대는 제2중대가 포기한 동쪽진지에 대하여 공격을 이날 오후 늦게 감행하여 다시 점령했다. 그러나 제1중대가 비워둔 서쪽부분 진지를 적군이 후방(서쪽)으로부터 진격해 들어와서 점령했다. 피아 간의 진지가 서로 바뀌는 사태가 발생했다. 이때부터 혼전(混戰)에 혼전을 거듭하는 백병전(白兵戰)이 전개되면서 피아 간의 사투(死鬪)는 계속 이어졌다.

격전의 난투 속에서 진지가 바뀌고 또 바뀌는 있기 드문 기이한 현상이 자주 일어나서 식사를 운반해 오던 한국청년단원이 잘못 적군진지로 가서 적군에게 사살되기도 하고 붙들려가기도 했다. 제1중대 장병들의 끼니를 이어주던 주먹밥 한 덩어리와 고추장 한 숟갈

조차 9월 2일 저녁밥을 마지막으로 중단되었다. 대대장 김용배 중령은 제1중대 식사운반 인솔책임 하사관인 박래영(朴來榮) 중사에게 "제1중대 전투 장병들에게 꼭 식사를 가져다주라."고 호통쳤다. 그러나 아군과 적군의 진지가 시시각각으로 뒤바뀌고 또 전투는 쉴 새 없이 백병전으로 계속되고 있으니 도저히 그 속으로 들어갈 수가 없었다. 제1중대 전투 장병들에게 보급할 밥과 고추장을 어떤 수풀 속에 버리고 약 4km 후방에 있는 제1중대 행정반으로 되돌아가는 일도 벌어졌다.

제1중대의 유일한 장교소대장으로 제1소대장 겸 중대 선임장교였던 육사 제10기 도진환(都晋煥) 소위가 9월 2일 저녁 무렵 전사(戰死)했다. 그러나 중대장과 중대행정반 간에 연락이 단절되어 이틀 후인 9월 4일 밤에야 그의 전사기록이 전해졌다. 행정처리가 늦어져서 그의 실제 전사한 날짜는 1950년 9월 2일이지만 기록상에는 9월 4일 전사한 것으로 영원히 남게 되었다.

이 지경으로 격전이 이어지는 가운데 9월 4일이 왔다. 국군 제7연대 제1중대는 이때 동쪽 부분에 있었고 적군은 서쪽 부분에 있었다.

식사보급 중단과 함께 실탄보급도 중단상태에 있었으나 제7연대 제1중대 생존자들은 죽은 전우의 시체에서 실탄을 회수하거나 전상을 입고 전투현장을 떠나는 전우들로부터 실탄을 회수하여 이를 사용했다.

적군과 아군 모두 지칠 대로 지쳐 있는 9월 4일 오후 늦게 대대장 김용배 중령은 제1중대장이었던 내게 "화산산성 북단 서쪽부분에 있는 적군부대에 대한 최후공격을 하여 적군의 숨통을 완전히 끊어 버려라."는 전투명령을 내렸다.

"어쨌든 전쟁터에서 죽을 몸, 이번 전투가 나의 목숨이 끊어지는 마지막 전투가 될 것이구나." 생각하면서 나는 부하 중대 사병들과 함께 총을 쏘면서 적진지 속으로 뛰어 들어갔다. 이때 제1중대는 말이 좋아서 중대이지, 중대장과 함께 적군진지로 돌격해 들어간 총병력은 겨우 30명 정도였다. 제7연대 제1대대 후방 행정반에는 신병들이 많이 와서 있었으나 혼전을 계속하고 있는 제1중대에는 도저히 접근할 수가 없어서 신병들을 일선고지에 보충해주는 길이 막혀 있었다.

이때 워커라인 서부인 왜관부터 낙동강을 따라 마산까지 방어선을 구축하고 있던 미군 제1기병사단, 미군 제7보병사단, 미군 제24보병사단, 미군 제25보병사단의 각 사단들은 한국군 보병사단보다 몇 배 많은 우수한 포병과 탱크도 많이 가지고 있었다. 병력수도 한국군보다 월등히 많았고 미 공군의 공중지원도 충분히 받고 있었다. 그러나 그들 역시 북조선 공산군을 상대로 힘들게 전투하고 있었다.

그러므로 한국군 전투지역으로 병력을 증원 보낼 여력은 별로 없었다. 그래서 화산산성에 있는 국군 제7연대 제1대대가 무너지면 자칫 부산까지 무너질 수 있다. 그렇게 되면, 미군 등은 하는 수 없이 밑 빠진 독에 더 이상 물을 붓지 않고 한반도에서 물러날 것이다. 따라서 화산산성에서 제7연대 제1중대는 전멸당하더라도 그곳을 사수하면서 끝내 죽어야 했다.

이러한 한국군의 극한위기상황은 신녕의 화산산성지구에서만 있는 일은 아니었다. 다부동에서도, 안강-기계에서도, 훗날 영천에서도, 동해안에서도 똑같은 위기상황에 처해 있었다. 국군은 이러한 국가존망 위기를 워커라인에서 목숨 바쳐 반드시 막아내야만 했다.

9월 4일 오후 7시경, 화산산성 고지대 능선 동쪽으로부터 제7연대 제1중대의 옥쇄(玉碎)돌격을 받은 적군은 지칠 대로 지쳐 있어 한동안 저항하다가 서북방으로 후퇴해 버렸다. 이때부터 하늘에서는 비가 억수같이 쏟아져 내리기 시작했다.

제7연대 제1중대는 다시 공격해 올 적군에 대비한 방어배치를 소수의 생존해 있는 중대원으로 끝냈다. 그리고 비를 맞으며 눈뜨고 밤을 보내고 있었다. 초가을이지만 정지(靜止)해 있는 탓인지 몸을 좀 움직이면 비맞아 젖어있는 몸이 오싹하고 소스라치게 차가웠다. 이때마다, "오! 아직까지 내가 살아 있구나." 하는 생각이 들었다.

전날 아침부터 하루 종일 굶고, 그날도 세끼를 모두 굶었으나 배고픔은 전혀 느끼지 못했다. 이제라도 적군이 공격해오면 제1중대는 끝까지 이 방어진지를 사수하다가 모두 여기서 전사한다. 그 시각이 5분 후냐, 10분 후냐, 한 시간 후냐, 길게 잡아 10시간 후냐를 아무도 몰랐다. 지금까지의 화산산성 북단 일대 고지에서의 적군 작전관행(慣行)으로 보아, 곧 적군이 재공격을 해오는 것만은 틀림없다고 생각하고 있었다.

처량한 밤이었다. 외로운 밤이었다. 이윽고 이순재(李舜在) 통신병이 대대장님 통화라면서 SCR300무전기 수화기를 나에게 건네주었다.

"아! 압록강대장(제1중대장의 암호), 압록강대장, 기한(飢寒)이 얼마나 심하오. 기한이 얼마나 심하오." 무전기를 통해 나오는 대대장 김용배 중령의 눈물 어린 음성에 나도 모르게 내 눈에 눈물이 핑 돌았다. 나는 전쟁터에서 지금까지는 한 번도 눈물을 흘린 적이 없었지만 이번만은 그렇지가 못했다.

대대장은 생사의 기로에서 거의 결정적으로 죽음 쪽에 쏠려 있는 부하 중대장의 무구(無垢)의 모습이 후방에서 보기에 몹시 안타깝고 가엾은 모양이었다. 대대장의 음성은 계속 눈물을 담고 SCR300무전기를 통해 흘러나오고 있었다. "압록강대장, 압록강대장, 여기는 백두산대장(제7연대 제1대대장의 암호), 백두산대장, 아! 기한이 얼마나 심하오. 기한이 얼마나 심하오. 부족한 나를 용서하오. 부족한 나를 용서하오."

소리쳐 지나가는 해발 800여 미터의 비바람과 함께 나는 SCR300 무전기를 손에 쥔 채 흐느껴 울었다.

그 후, 나는 내리는 비를 맞으며 뜬눈으로 밤을 새웠다. 그러나 웬일인지 이상하게도 밤사이에 적군은 공격해오지를 않았다. 날이 밝아 9월 5일의 아침이 왔다. 아무래도 9월 5일 오전에는 적군의 재공격이 반드시 있을 것으로 생각했으나 어찌 된 영문인지 적군은 끝내 다시 나타나지 않았다. 신녕의 화산산성 전투에 대해서는 제6사단장 김종오 준장뿐 아니라 육군본부에서도 굉장히 신경을 쓰는 모양이었다. 9월 5일 점심때쯤 육군본부에서 보냈다는 화염방사기(火焰放射器) 한 대와 사수 1명, 부사수 1명이 제7연대 제1중대에게 배속되었다. 당시만 해도 화염방사기는 대단한 위력을 가진 신무기(新武器)로 평가받고 있었다.

그러나 원님 지나간 후에 나팔 부는 격이다. 그때 바야흐로 화산산성 전투는 제7연대 제1중대의 힘겨운 최후 승리로 끝나버린 것이다. 이 화염방사기는 9월 7일 제7연대 제1중대에서 배속 해제되어 되돌아갔다.

10부

하늘은 스스로를 돕는 국민을 돕는다

이리하여 8월 26일 뚫린 워커라인은 다시 회복되고 제7연대 제1대대는 부여된 임무를 훌륭히 수행했다. 그리고 제7연대 제1대대는 제6사단장 직속지휘체제로부터 해제되어 제7연대장 지휘 밑으로 원상복귀했다. 그 당시 제7연대 제1대대만이 이렇게 워커라인에서 사투를 벌인 것은 아니었다. 워커라인에서 한국군 거의 모든 장병 절대다수는 모두 제7연대 제1대대와 똑같은 수준으로 모두 용감히 싸웠다. 그리고 그때 나라 위해 전사한 호국영령들이 지금 국립묘지에 말 없이 잠들어 있다. 신생 대한민국을 몸 바쳐 끝내 지켜낸 것은 바로 그분들이다. 그러나 그 당시 즉, 6.25전쟁 초기 3개월에는 태극, 을지, 충무, 화랑 등의 훈장제도가 없었다. 이 훈장제도가 생긴 것은 1950년 10월 28일이었다.

그래서 지금 국립묘지에 잠들고 있는, 6.25전쟁 초기에 전사한 호국영령(護國英靈)들은 그렇게 용감히 전투했어도 훈장 한 개 없이 묵묵히 잠들고 계신 전투영웅들이 꽤 많이 있다.

나는 2002년 2월, 도진환(都晋煥) 소위와 한도선(韓道善) 중위에 대한 전공확인서를 내 손으로 작성한 바 있다. 도진환 소위는 육군사관학교 10기로서 화산산성 전투에서 혁혁한 전공을 세우고 그곳에서 1950년 9월 2일 전사했다.

한도선 중위의 전공은 다음과 같다. 춘천지구 전투에서 1950년 6월 25일 제7연대 제1중대 제1소대장 겸 중대 선임장교로서 제1대대 방어진지 최북단에서 용전분투하여, 적군의 공격을 두 번이나 물리치고 방어진지를 끝내 고수했다. 6월 26일 옥산포의 적군을 기습공격할 때 북쪽에서 제일 과감하게 선두에 서서 신속히 공격해 들어갔고, 그 며칠 후인 7월 1일 자정에는 신림(神林)고개 전투에서 적군 장갑차 2대를 2.36인치 로켓포로 부수고 3대를 포획하는 빛나는 전과를 올렸다. 7월 5~6일의 음성지구 전투에서는 기름고개부터 무극리까지 적군을 격파하면서 북진의 선두에 서서 무극리 북방 2km 지점까지 적군을 추격하는 큰 전공을 세웠다. 그러다 결국 7월 20일 경상북도 옥녀봉(玉女峰)에서 전사했다. 그는 육군사관학교 제8기였다.

내가 작성한 전공확인서를 당시 육사 제10기 동기회장 양창식 장군(예)과 육사 제8기 동기회장 오학진 장군(예)에게 주었다. 그분들 명의로 고(故) 도진환과 고(故) 한도선 중위에 대한 훈장신청서를 육국본부를 경유하여 국방부에 제출한 것이었다.

그러나 당시 김대중 정권은 의외의 조치를 취했다. "6.25전쟁 때 무공훈장은 충분히 해당자들에게 수여했다. 특히 6.25전쟁 후 1년

간은 누락자들에게 대한 추가훈장 신청기간을 설치하여 전공해당자들에게는 모두 훈장을 수여했다. 이제 와서 새삼 추가훈장을 줄 수 없다."면서 거절하여 그것으로 끝나버렸다. 그래서 그 혁혁한 전공을 세운 고인(故人)들은 훈장 하나 없이 그저 한 줌의 흙이 되어 쓸쓸히 묻혀 있다.

일반적으로 보훈선진국에서는 한 번의 전투가 끝나면 유공훈장을 수여한다. 포상 시스템이 잘 되어 있기 때문에 유공 장병이 포상에서 누락되는 경우는 거의 없다. 하지만 신(神)의 사회가 아니기 때문에 아주 드물게 실수가 일어난다.

2000년 6월, 미국 클린턴 대통령은 제2차 세계대전 때, 이탈리아 시칠리아 섬 전투에서 전공을 세웠으나, 행정실수로 훈장을 못 받고 있던 사병(士兵) 11명에 대한 전공사실을 58년 만에 새로이 확인하고 이들에게 무공훈장을 수여했다.

또한, 2001년 3월 13일에는 51년 전, 한국전에 참전하여 미군 제24보병사단 말단 소총병으로서 경주(慶州)북방지구 전투에서 적탄 4발을 맞은 로버트 필립(76)의 용감한 전투사실을 뒤늦게 확인하고 은성무공훈장을 그에게 수여했다. 무공훈장 수여는 해당 장병의 유공사실 여부가 관건이지 수여일은 언제라도 무방한 것이다. 유공자가 전공을 세우고 10년 후, 50년 후, 아니 100년 후에도 상관없는 것이다. 요는 그 군인이 정말 전투 중에 전공을 세웠는지의 여부가 훈장수여의 핵심사항이다. 훈장수여 날짜는 언제라도 가능한 것이다.

육군본부 기록에 의하면 1950년 12월 30일부터 1953년 7월 27일 종전 시까지 일선 사단장들에게 지시공문을 하달했다고 되어 있다. 그 내용은 예하장병들에게 훈장수여 권한을 위임하여, 각 사단장들이 사단 장병들에 대한 훈장을 계속 수여하고, 종전 후 1년간은 누락된 유공 장병들을 구제하기 위해 각 사단에게 구제포상을 실시하라는 것이었다.

6.25전쟁기간 중, 전사자가 많았고 또 육군병원으로 후송, 그리고 새로운 부대창설 등으로 인사이동이 아주 극심했다. 새로 부임한 일선 지휘관들은 과거에 그 부대에서 누가 어떠한 전공을 세웠는지를 본 일이 없기 때문에 이에 대해 실감 있게 파악하는 것이 어려웠다. 이들 유공자들에 대한 포상은 거의 전혀 생각하지 않는 것이 대부분이었다. 또 상훈 담당장교들도 이에 대한 경험이 전혀 없기 때문에 시행착오를 겪는 것이 다반사였다. 6.25전쟁 초기 1년간이 지극히 심하게 그러했다. 이를 입증하는 두 가지 실례(實例)를 들어보면 다음과 같다.

육사 제5기생인 군번 10944 허용우(許容尤) 소령은 6.25전쟁 발발 시 제7연대 제2대대 부대대장을 지냈고 약 2개월 후에는 스카우트

되어 제19연대 대대장이 되어 전투를 했다. 약 1년간 일선에서 전투를 하고 후방으로 전출이 되었다. 일선을 떠나서 육군본부로 가보니, 일선에는 전혀 나가본 일이 없고 순전히 육군본부에서만 근무하고 있는 부관장교, 인사장교, 심지어 경리장교들까지 을지훈장, 충무훈장, 화랑훈장 등등을 줄줄이 가슴에 달고 있는 것을 보고 놀랐다. 허 소령은 완력도 세고 정의파(正義派)였다. 그리고 성격이 매우 과격했다. 일선에서 많은 전투를 한 자기는 훈장이 하나도 없는데 후방의 비전투장교들이 무공훈장을 한 개도 아닌 여러 개를 보란 듯이 달고 있으니 기가 찼다. 그는 단숨에 육군본부 상훈과장을 찾아가서 책상을 주먹으로 치면서 항의했다. 상훈과장은 허 소령을 달래면서 그러지 말고 여러 개의 훈장신청을 하면 그 훈장들을 모두 수여할 것이니, 속히 신청해 달라고 말했다. 허 소령은 자기가 전공을 세운 전투를 회상하면서 여러 개의 훈장신청을 했다.

이리하여 허용우 소령은 단번에 무공훈장 5개를 받았다. 그중 1개는 미국동성훈장이었다. 이렇게 허용우 소령은 정당한 제 몫을 모두 찾은 셈이었다. 그러나 수많은 일선장병들은 이런 사실을 까맣게 모르고 있었다. 이것이 그때, 그 시절 한국군 무공훈장수여의 현주소였다. 또 하나의 예는 사실 바로 나에 대한 얘기다.

1950년 10월 28일, 중공군 포위망 속에 들어가 있는 국군 제6사단 제7연대에게 제6사단사령부로부터 무전작전명령이 하달되었다. 그 내용은 "제7연대는 중공군의 포위망을 뚫고 게릴라전을 하면서 제6사단 사령부로 철수해 오라."는 작전명령이었다. 1950년 10월 28일 낮 국군 제7연대는 평안북도 초산군 고장(古場) 남쪽 풍장(豊場)에서 남으로의 퇴로를 차단하고 있던 중공군 1개 사단과 교전상태에 들어갔다. 국군 제7연대는 중공군 1개 사단을 밀면서, 미 공군의 공중지원을 받아 약 12km 남진했다. 그러나 그날 밤 자정부터 중공군의 대규모 역습에 밀리면서 연대가 분산되었다. 결국 중대 단위로 게릴라전을 하면서 철수작전을 수행하게 되었다.

광범위하게 흩어진 제7연대는 적유령산맥과 강남산맥으로 들어갔다. 이때 제7연대는 중공군 제38군 예하 3개 사단과 제40군 예하 3개 사단이 에워싸고 있는 한가운데 완전히 고립되어 있는 형국이었다. 제7연대 장병들이 이 종심(縱深) 깊은 대규모 포위망을 뚫고 아군 있는 곳까지 나가려면 개천-맹산선까지 걸어 나가야 한다. 그 거리는 공중직선거리로 약 100km이고 도로거리로 따지면 약 150km가 될 것이다. 도로에는 중공군 왕래가 심해서 이용이 불가능했다. 할 수 없이 태산준령을 넘고 강을 건너야 했다. 또 산속에서도 중공군을 만나면 교전하여 이를 뚫든가 아니면 이를 피해서 멀리 돌아가야 했다. 따라서 제7연대 장병들이 걸어야 하는 행군거리는 300km

가 될 수도 있고 500km가 될 수도 있으며, 혹은 그 이상이 될 수도 있었다. 실탄보급도 끊어진 상태여서 아군 전사자가 생기면, 그 시신에서 실탄을 급히 회수해야 했다. 이러한 악조건 속에서 제7연대 장병들의 희생은 엄청났다.

제7연대 부연대장 최영수 중령, 제2대대장 김종수 중령, 제3대대장 조한섭 소령은 포로가 되었다. 그리고 적탄에 전상을 입고 걸을 수가 없게 된 제1대대 부관 권태영 소위, 제7연대 헌병대장 김영표 소위 등은 "중공군에게 포로가 되기보다 차라리 목숨을 끊겠다."며 자기 총으로 자결하기도 했다.

역전의 용사들인 제7연대 중대장들도 포위망 속에서 악전고투를 거듭하다가 하는 수 없이 중대지휘를 포기하고 단독행동을 취하면서 총까지 버리고 민간인 복장으로 갈아입었다. 그렇게 피난민 행세를 하면서 어렵게 살아나온 중대장들을 포함해 제7연대 소총 및 중화기중대장 12명 중에서 살아나온 수는 겨우 반(半)수에 그쳤다. 군복을 착용하고 완전무장한 채 끝끝내 중공군을 상대로 돌파전투를 13회나 하면서 이를 뚫고 중대원들을 지휘하고 나온 중대장은 상기 12명의 중대장 중에서 오직 제7연대 제1중대장 한 명뿐이었다. 그리고 3명의 대대장 중 생존해 포위망을 뚫고 나온 대대장은 제1대대 김용배 중령뿐이고 연대장 임부택 대령도 포위망을 뚫고 나왔다. 이들 두 지휘관은 포위망 속에서 3주 내지 4주를 보냈으나 모두 완전무장을 한 채 연대본부 또는 대대본부 핵심요원 10여 명들의 생존자들을 끝끝내 지휘하고 나온 것이다. 다시 말해서, 포위망 속에서 완전무장하고 끝끝내 중공군과 전투하면서 부하 생존 장병들을 이끌고 포위망을 돌파하고 나온 제7연대의 지휘관은 연대장 임부택 대령, 제1대대장 김용배 중령, 그리고 제1중대장 이대용 대위의 3명뿐이었다.

기록에 의하면, 1950년 10월 29일 평안북도 초산군 고장(古場)에 있던 제7연대의 병력은 총 3,552명이었다. 기존 병력 외에도 연대에 배속되어 있는 제16포병대대 제2중대, 사단공병의 일부 병력, 그리고 10월 26~27일 온정(溫井) 일대에서 중공군의 공격을 받아 퇴로가 끊긴 제2연대 대전차포중대의 병력과 제2연대 수색대의 1개소대병력 등이 합류한 숫자다. 이들이 종심 깊은 중공군 6개 사단의 중포위 속에 깊이 빠진 것이다. 이 포위망을 뚫고 1951년 1월 26일까지 약 3개월에 걸쳐 살아나온 장병 수는 878명이었다. 2,674명이 중포위망 속에서 희생된 것이다.

제7연대 제1중대가 제6사단사령부에 도착, 복귀하자 11일 전 새로 부임한 27세의 청년사단장 장도영(張都暎) 준장은 혁혁한 전공을 세우며 중공군의 중포위망을 뚫고 제1착으로 사단에 복귀한 제7연대 제1중대의 특별신고(特別申告)를 받았다. 그리고 이들의 전공을 극찬(極讚)하고 격려하면서, 제6사단 모든 장병들이 제7연대 제1중대를 귀감(龜鑑)삼도록 하겠다고 했다.

1950년 11월 9일, 제6사단 CP마당에는 사단군악대의 군악이 울려 퍼졌다. 제7연대 제1중대 생존자 20명을 3열 횡대로 세워놓고 마지막 끝에는 종군중인 서울적십자병원 간호학생 2명을 세웠다. 제1중대장은, "사단장 각하에 대하여 경례! 바로! 제7연대 제1중대장대위 이대용은 적군포위망을 돌파하고 사병 20명, 민간인 간호학생 2명을 지휘하고 11월 9일 사단으로 복귀하였기에 이에 삼가 신고합니다. 경례! 바로!" 하고 사단장에게 신고를 했다. 사단장의 제7연대 제1중대에 대한 칭송과 위로와 격려사가 있었다. 이어서 군예대의 여자가수가 제1중대장 목에 하늘색 머플러를 걸어 주었다. 신고식이 끝나자 위로연이 있었다. 이때 제7연대 제1중대 장병들에 대한 무공훈장은 수여하지 못했다. 약 10일 전인 1950년 10월 28일 대한민국에 비로소 태극, 을지, 충무, 화랑의 훈장제도가 생겼으나 그런 사실을 일선 장병들은 모르고 있었다. 또 정부에서는 훈장실물들을 제작해 가지고 있지도 못하고 있었으며 일선 사단장들도 예하장병들에게 훈장수여는 생각도 못 하고 있을 때였다.

해가 바뀌어 1951년이 되어 봄부터 일선 사단장들은 서서히 훈장

수여에 대한 관심을 가져서 일선 각 사단장들에게 예하장병들에 대한 훈장수여 권한을 완전히 위임하였다. 두뇌가 우수한 제6사단장 장도영 준장은 전투경험을 쌓으면서 크게 성장했다. 1951년 10월 말, '장도영 사단장 취임 1주년 및 압록강 진격 1주년 기념식' 행사를 대대적으로 거행했다. 초산 압록강에 진격했던 제7연대 제1대대 장병들에 대한 훈장수여가 1년 뒤늦게 대규모로 실시됐다. 그러나 여기에는 개인적 아쉬움이 있다. 1950년 10월 26일 오후 2시 15분 압록강변 신도장(新島場)에서 국군 최선봉으로 진격하여 압록강 경비임무를 53시간 수행하고, 상부 명령을 받고 철수를 개시해 제7연대에서 유일하게 완전무장한 제1중대원들과 함께 끝끝내 중공군의 중포위망을 뚫고 나온 제1중대장이 수훈자 명단에서 빠져버린 것이다. 그 후, 오늘날까지 그때의 제7연대 제1중대장, 나는 전투 공적을 정부당국으로부터 인정받지 못한 채 정부당국의 참혹한 망각(忘却) 속에 버림받았다.

그 행정실수의 근본원인은 다음과 같이 단순했다. 제6사단 제7연대 제1중대장은 1951년 7월 15일, 국군 제2사단으로부터 대대장 요원으로 스카우트되어 제6사단을 떠났다. 그런데 제6사단장 장도영 준장은 초산지구전투 유공 장병들에게 훈장을 1년 뒤늦게 늦장 수여했다. 1951년 10월 말에 나는 제6사단 소속이 아닌 제2사단 소속으로, 제32연대 제3대대장으로서 금성(金城)남방고지에서 중공군과 전투하고 있었다. 그런데 제6사단장 장도영 준장이 착각을 한 것이다. 자기 예하 직속 부하 장병에게만 자기가 훈장수여권한을 가지고 있다고 말이다. 그래서 제6사단 일보(日報)상의 직속부하장병만 훈장을 받을 수 있었다.

따라서 그 당시 제6사단장 부하가 아니었던 나는 초산지구전투 유공자명단에서 누락되고 말았다. 그 이후에도 영영 그 전투에 대한 훈장을 못 받고 있다. 그 당시 신생 대한민국은 건국 초창기여서 우리 국군의 행정력 수준이 그 정도였다.

중공군 중포위망을 부하들을 지휘하며 완전무장 상태로 뚫고 나온 제7연대 특등유공자인 3명의 지휘관 중에서 김용배 대령은 1951년 7월 2일 양구 군량리에서 전사했다. 그러자 정부는 지난날 제7연대 제1대대장으로서의 혁혁한 전공을 뒤늦게 인정하고 태극무공 훈장을 추서했다. 또 임부택 장군에게는 제7연대장 때의 특별한 전공을 뒤늦게나마 확인하고 훗날 2개의 태극무공훈장을 추가 수여했다.

이리하여 초산진격 및 중공군포위망 돌파전투에서 특공을 세운 제7연대의 지휘관 3명 중, 2명은 태극무공훈장을 뒤늦게나마 받았다. 그러나 오직 나는 그러질 못했다. 이러한 행정실수는 그 무렵 제

7연대 제1중대장에게만 해당된 문제가 아니었다.

6.25전쟁 초기 약 6개월간 이러한 사례는 수두룩하다.

앞으로 유능한 대통령 또는 국방장관이 나오고, 또 국민들의 관심이 높아지면 마땅히 훈장을 받을 전공을 세우고 전사해서 국립묘지에 묻혀 있는 용사에 대해서는 정부 당국이 훈장을 추서하여야 한다. 단, 그들이 훈장을 못 받은 채 쓸쓸히 누워 있다는 사실을 어떤 개인이나 단체가 확실하게 확인하는 절차가 따라야 할 것이다. 이것이 미국이나 영국 같은 선진국의 보훈수준을 따라잡을 수 있는 길이고 대한민국이 호국정신을 자손만대에 함양하기 위하여 꼭 해야 할 일이다.

호국정신을 상실한 나라는 망하고, 호국정신을 높이 소중히 여긴 나라는 흥한다는 동서고금의 철칙(鐵則)을 우리 국민들은 결코 잊어서는 안 된다.

똑똑한 사람이 모자라서 멸망한 나라는 없다. 자기 나라를 위해서 자기 목숨을 깨끗이 바치겠다는 애국의 정열이 넘치는 젊은이들이 모자라서 멸망한 것이다.

그리고 또한 이에 못지않게 중요한 것은 『손자병법』에 나오는 "적을 알고 나를 알면 백 번 싸워도 위태롭지 않다." 에 철두철미 충실하여야 한다는 것이다. 역사는 이 손자병법을 소홀히 다룬 나라는 멸망의 묘지(墓地)로 거의 모두 굴러 떨어졌다는 사실을 입증해주고 있다.

하늘은 스스로를 돕는 국민을 도와준다.

두 번의 혈전

펴낸날 **초판 1쇄 2014년 10월 15일**
초판 2쇄 2015년 5월 30일

지은이 **이대용**
펴낸이 **김광숙**
펴낸곳 **백년동안**
출판등록 **2014년 3월 25일 제406-2014-000031호**

주소 **경기도 파주시 광인사길 30**
전화 **031-941-8988**
팩스 **070-8884-8988**
이메일 **on100years@gmail.com**

ISBN 979-11-86061-01-5 04300

※ 값은 뒤표지에 있습니다.
※ 잘못 만들어진 책은 구입하신 서점에서 바꾸어 드립니다.

이 도서의 국립중앙도서관 출판시도서목록(CIP)은 서지정보유통지원시스템 홈페이지(http://seoji.nl.go.kr)와 국가자료공동목록시스템(http://www.nl.go.kr/kolisnet)에서 이용하실 수 있습니다.(CIP제어번호: CIP2014027794)

책임편집 **홍훈표**